企业法务
大趋势

林健民◎著

云南大学出版社
YUNNAN UNIVERSITY PRESS

图书在版编目（CIP）数据

企业法务大趋势 / 林健民编著. -- 昆明：云南大学出版社，2023
ISBN 978-7-5482-4480-6

Ⅰ. ①企… Ⅱ. ①林… Ⅲ. ①企业法－研究－中国 Ⅳ. ①D922.291.914

中国版本图书馆 CIP 数据核字（2021）第 227590 号

企业法务大趋势
QIYE FAWU DA QUSHI

编　　者：	林健民
责任编辑：	万　斌
策　　划：	陈长明
封面设计：	汲文天下

出版发行：	云南大学出版社
印　　装：	北京金特印刷有限责任公司
开　　本：	880 mm ×1230 mm　1/32
印　　张：	7.625
字　　数：	196 千
版　　次：	2023 年 6 月第 1 版
印　　次：	2023 年 6 月第 1 次印刷
书　　号：	ISBN 978-7-5482-4480-6
定　　价：	79.00 元

社　　址：	昆明市一二一大街 182 号（云南大学东陆校区英华园内）
邮　　编：	650091
发行电话：	0871-65033244　65031071
网　　址：	http://www.ynup.com
E - mail：	market@ynup.com

若发现本书有印装质量问题，请与印厂联系调换，联系电话：010-68632886。

引　言

人无远虑，必有近忧。凡事预则立，不预则废。

历史唯物主义认为，人类社会在其运动变化和发展的过程中都遵循其固有的规律。同样，作为社会经济现象的法律分支的一项，法务发展也遵循其固有的规律。在全球化时代，笔者从事法务工作多年，一直坚信，事物的运行是有规律可循的，未来的趋势演变也是可以提前感知到的。但是，笔者既不是权威部门，也不是专家学者，才疏学浅，之所以敢冒法务学科之大不韪，是出于对法务工作的真心热爱，是抛砖引玉，如我的言论有不妥之处，敬请读者批评指正。

预则立。根据未来发展的大趋势，顺势而为，顺水推舟，顺风扬帆，会事半功倍。而违逆大趋势，不按规律办事，逆水而行，逆风而进，则事倍功半。

1998 年，柯达的 17 万名员工在全球销售了 85% 的相纸，可是仅过了短短几年，他们的商业模式就失灵了，最终破产。在未来 10 年，很多行业将会经历柯达所发生的事，而大多数人尚未看到这种发展趋势。在 1998 年，你有没有想到 3 年后，相纸图片的使用会越来越少？而柯达于 1975 年发明的第一部数码相机，虽然只有 10000 像素，但产品进步按摩尔定律发生。因此，像所有的指数式技术进步一样;虽有很长一段时间令人失望,但只要短短几年,它就成了主流,这样的事情正在人工智能、健康、教育、自驾车及电动车、3D打印、农业和就业等领域发生。在未来5~10年,软件和操作平台会使大多数传统行业发生很大的改变。优步(Uber)只是一个打车软件公司,它们没有出租车,但它们现在是世界上最大的出租车公司;Airbnb是世界上最大的旅行房屋租赁的服务型网站,但它们没有任何房产。

趋势研究并不神秘。辩证唯物主义认为,规律是客观的,是不以人的意志为转移的,但人的主观能动性,又反过来作用和影响规律的发展。趋势可以被人认识和运用,它有内在的规律,或者说,它是在内在规律的作用下,按照可以感知的大趋势运行。

趋势是由多种因素推动的,离不开时代的政治、经济、人文历史、文化背景等,多学科交叉融合,需要具备理性思维、多样知识、科学方法。把这些看似零乱的碎片组合起来,进行整理、分析、研究、判断,把握基本的、根本的、内在的规律,在朦胧中找出轮廓,在虚幻中拨开迷雾,这样的探索和挖掘本身就是一种充满挑战而刺激的工作,能让人感悟趋势之美。

有人说,趋势一旦走出来,就犹如狂奔的野马,人跟在它的后面,无论多么努力,都难以追上。只有骑在马上,抓住缰绳,才能与之同行。

人们预测并著书立说,提出了几种未来的发展趋势。

人工智能。它是指计算机对世界信息知识的提升和物联网的应用。计算机击败世界上最好的棋手,比预期提前了10年。在美国,年轻的"法律人"已找不到工作。由于有了IBM沃森(指能用自然语言回答问题的人工智能系统),你几秒钟内就可以得到法律咨询,虽然到目前为止，还只是基本的法律服务，但其精确率达90%，而人工的正确率只有70%。将来约有90%的人是通才"社会律师"，社会只需要专家。同时，IBM沃森已经可以为人类诊断癌症，比医生准确率高4倍。脸书（Facebook）可识别人脸，此识别软件的识别率更高。到2030年，计算机将变得比人类更智能。

3D打印。10年之内，3D打印机的价格将从18000美元降到400美元，同时打印速度加快100倍。所有主要的制鞋企业开始用3D打印鞋类产品；甚至在偏远机场，备用飞机部件已经可以由3D打印出来；空间站有了一台3D打印机，不再像过去那样需要飞船运去零部件。新的智能手机可能拥有3D扫描，然后，你可以使用3D扫描自己的脚，在家打印出一双合脚的鞋子。

未来正以令人难以置信的步伐向我们走来，法务也将跟着时代的步伐，发生量和质的转变。

从10年前国资委出台加强中央企业法制"三个三年"法治目标开始，到党的十八届四中全会吹响全面依法治国的新号角，企业的法律工作、企业法律人从来没有像今天这样被提到一个如此重要的高度。我国企业法律顾问制度大体经历了4个阶段：20世纪50年代的初创阶段、改革开放初期的恢复阶段、20世纪90年代初的发展阶段、20世纪90年代以后的规范阶段。而第四个阶段才是中国企业法律顾问制度真正成型并快速发展的阶段。

早在2003年5月，国务院就颁布了《企业国有资产监督管理暂行条例》，这实际是从国家法规层面上再次明确了我国企业法律顾问的法律地位。为适应这一要求，2004年5月，国务院国资委专门制定颁布了可实施的国有法律体系，并就法律顾问的职业领域，特别是行权的体制和机制作了规范。

随后，国务院国资委在中央企业和地方国有重点企业全面实施了企业总法律顾问制度，而且这一工作具有层次高（企业总法律顾问是公司的高管，相当于企业的副总裁）、要求严（企业总法律顾问不仅要精通法律，而且必须具备丰富的企业管理经验和高超的组织协调能力）、权力大（企业总法律顾问对企业经营管理重要决策具有一票否决权）、责任重（企业总法律顾问不仅对企业防范法律风险具有重大的责任，甚至对于企业的生存和发展也负有重大的责任）的四大特点。

国务院国资委对中央企业和地方国有重点企业实施了"三个三年"法治目标建设，这"三个三年"目标按照建立机制、发挥作用、完善提高的思路来推进。以总法律顾问为核心的企业法律顾问制度大力推进了企业组织体系、业务领域、工作机制的深化改革，使企业实现了跨越式的发展。

企业法律顾问通过与社会律师的密切配合和广泛合作，妥善处理和应对了一系列重大法律纠纷案件，维护了企业合法权益，化解了社会矛盾，促进了合同履行和正常经济交流来往，发挥了重大作用。

企业法律顾问的工作机制正日益健全，按照国家相关部门关于法律顾问管理办法的有关要求，企业法律顾问的建设日趋成熟，工作机构逐步建立，制度完善。通过明确机构职责，清晰工作程序，加强合规建设，防范法律风险，使法律部门成为企业的一个重要部门，法务的功能越来越强化，作用发挥得越来越好。

不可否认的是，在中国法务新变革的过程中，机遇和挑战是并存的。

在过去十年里，我国企业法律意识普遍增强，企业法律风险防范意识、总法律顾问制度和法律管理事务体系逐步完善，法律顾问队伍素质和依法治企能力水平不断提高。随着国家经济进入发展的新常态，企业将有更多的机会走出去，参与全球市场竞争。但是，与世界一流企业相比，我们仍有不小的差距。而全面依法治国要求企业更加关注风险管控和合规管理，注意防范各种法律风险，这对企业法律顾问提出了更高的素质和职业要求。

党的十八届四中全会描绘了建设法治中国新蓝图，这意味着推进全面依法治国将进入一个崭新的阶段。对于中国法务群体来说，崭新的一页即将翻开。

2014年8月，存在近20年的企业法律顾问执业资格考试被取消，公司律师制度改革又一次被推向前。2014年，国资委法制工作第三个三年目标画上句号，国有企业法制工作改革开启了新的规划。

国资委2014—2016年重点企业法制工作的总体目标是，加快完善企业总法律顾问制度，推动监管企业全面设立总法律顾问，总法律顾问专职率和法律顾问持证上岗率均达到70%以上。对央企法制工作的进一步推进，意义重大，时间紧迫。

企业法律顾问是企业内部专门配置的从事法律事务管理、防范企业法律风险、依法保障企业健康发展的内部管理人员。

在国际上，企业法律顾问制度已经成为跨国公司日益成熟并不可或缺的重要的公司管理制度。国际性跨国公司法律顾问制度呈现出三个明显的特征：首先，是以总法律顾问为代表的公司高级法律管理人员，已经普遍成为公司经营决策层的核心成员之一；其次，企业法律顾问队伍不断扩大，欧美国家跨国公司法律人员的总数已经占到其企业员工总数的7‰以上；再次，企业法律顾问的业务领域在不断扩大，不仅在合同、诉讼等涉法事务方面，而且在公司劳工管理、知识产权、反商业贿赂、公共关系、安全管理和环境保护等领域不断拓展。

反观国内企业，尽管在国务院国资委等监管部门的推动下，相当部分国有企业尤其是中央企业，已经建立并发展了总法律顾问制度，但与国际性大公司相比，制度还不够完善，提升空间还很大。

法治经济建设当然要在市场经济的条件下进行，市场经济越发展、越完善，对企业依法治企提出的要求就越高。这就必然要求法务人员除了具有坚实的法律专业素养之外，还必须对所处企业的行业特点、企业内部环境、业务模式等有所熟知。

我们是否准备好了？是否能适应企业的发展？

我们相信，在企业界、法务群体的共同努力下，未来中国企业的法治建设将迎来新的春天，知道趋势的意义也体现在这一点上。如果企业以前不关注未来的趋势演变，还能够在随波逐流中找到机会的话，那么在即将到来的全球巨变中，这种盲目的做法将导致无可挽回的损失。

在前所未有的巨变即将到来之际，我们需要知道未来的趋势，顺势而行。

能真心款待一种不被接受的思想，是一个受过教育的心灵的标志（亚里士多德语），人们终将理解这句话的真实意义。

预测未来是一件非常困难的事，但又是一件令人着迷的事。对法务人员未来的工作方式和工作内容进行预测，虽然有点冒险，也可能存在错误，但对于验证当前法务人员是否在朝着正确方向发展，是相当有益的。正如在所有的球类运动中，有经验的选手会告诉我们：要奔往球之所向，而非球之所在。每一位法务人员，背后都站着一家企业，在技术革新和管理动荡的双重冲击下，同样需要思考法务人员的明天在哪里这个问题。

　　法律服务市场正处于大变革之中，社会律师、法官、仲裁员、法务工作者等法律人的工作方式都已在或多或少、或快或慢地发生改变。未来的法务工作会发生什么样的改变，取决于目前驱动法务群体前行的诸多因素。在未来，法务人员的多重价值会逐渐清晰起来。从支持交易的合同审核、法律尽职调查、法律方案设计、出具法律意见、"三重一大"事项法律审核，到控制风险的案件处置、合规管理、制度建设，最后到介入管理的战略建议、企业治理、业务取舍，这些都是法务人员可发挥价值的领域。明日世界的法务人，其价值领域只会越来越广、越来越深。法务人员也必须给企业带来更多的价值，超过其他法律服务提供者（主要是指社会律师），才有立足于企业的基础，法务这个行业也才能兴起与发达。

　　在这个领域，许多有真知灼见的专家、学者和法务工作者，作了深入、细致的研究，信息量很大、知识面很丰富，研究成果全面客观、细致周详、内容丰富，观点异彩纷呈、百花齐放，启迪了笔者的思维，扩宽了笔者的视野，促进了笔者的研究。本书学习借鉴了他们的优秀成果和思想，直接引用或者套用了他们的观点和文章内容，可以说本书是他们集体研究的成果，在此向他们表示深深的敬意和感谢！

目　　录

第一部分　理论体制篇

第一章　公司律师兴则公司兴，公司兴则国家兴 /3
第二章　法务管理学将成为一门新兴的管理学科 /16
第三章　企业内的法律顾问向公司律师接轨的趋势 /41
第四章　法务价值的提升 /51
第五章　总法律顾问进入治理核心层 /56
第六章　未来需要高端公司律师人才 /76
第七章　中国法务发展的专业化、规模化和品牌化 /95

第二部分　法务实践篇

第一章　党领导下的国企特色法人治理结构 /101
第二章　合规是永恒的主题 /123
第三章　风险防范是最高理念 /151
第四章　新生业务、行业垄断和市场竞争是最难处理的法律课题 /160
第五章　"创造价值"彰显法务的终极追求 /169

第三部分 "E法务"时代

第一章　"E法务"时代的春天来了 /181
第二章　电商平台，互联网化的法律服务方式转变 /185
第三章　电子化招标 /197
第四章　合同信息化管理 /201
第五章　大数据催生智能交易 /207

附　　录 /218
参考文献 /229

# 第一部分

理论体制篇

第一章
公司律师兴则公司兴，公司兴则国家兴

在全国国有企业党的建设工作会议上，习近平同志出席会议并发表重要讲话。他强调，要通过加强和完善党对国有企业的领导、加强和改进国有企业党的建设，使国有企业成为党和国家最可信赖的力量，成为坚决贯彻执行党中央决策部署的重要力量，成为贯彻新发展理念、全面深化改革的重要力量，成为实施"走出去"战略、"一带一路"倡议等重大战略的重要力量，成为壮大综合国力、促进经济社会发展、保障和改善民生的重要力量，成为我们党赢得具有许多新的历史特点的伟大斗争胜利的重要力量。

国有企业是中国特色社会主义的重要物质基础和政治基础，是我们党执政兴国的重要支柱和依靠力量。要做强做优做大国有企业，就必须旗帜鲜明地抓好依法治企，筑根树魂，强舵正帆。中国要从一个经济大国走向经济强国，中国的企业，特别是国有企业必须努力实现从大到强的跨越。

国有企业已成为我国自主创新的"排头兵"，在国家技术创新体系中承担着重要任务，起着举足轻重的作用。《国家中长期科学和技术发展规划纲要》确定的我国需要突破的11个重点领域，中央企业都有涉及；在16个国家科技重大专项中，国有企业参与了

15个。

国有企业更成为重大工程的"顶梁柱"。三峡工程、青藏铁路、西气东输、西电东送、南水北调、奥运场馆建设……国家的各项标志性重大工程建设中，中央企业做出了杰出的贡献。

提升国家的竞争力，同样离不开大型国有企业。当前的竞争是全球性的，尤其是在一些关系国家安全和国民经济命脉的重要行业和关键领域，比如军工、航天航空、石油勘探等，规模经济要求很高，进行技术创新和走出去参与国际竞争，当前还只能靠国有及国有控股大企业。2012年公布的世界500强企业中，中央企业有42家上榜。而在20世纪90年代中期，我国最大的500家国有企业全年销售收入的总和还不如美国通用汽车公司一家的销售收入。从2002年到2011年，中央企业的资产总额从7.13万亿元增加到28万亿元；营业收入从3.36万亿元增加到20.2万亿元。在短短十几年中就发生了这种历史性的变化，关键是靠改革。

经济与法治是社会发展永恒的命题，作为上层建筑的法治，脱离经济基础将失去意义。同样地，离开法治，经济也无法发展到更加公平和可持续的高级阶段。在中国经济进入经济新常态之后，法治对于经济的意义更加凸显。

江平教授在《公司首席法务官——企业的守夜人》的序言中如是说："公司律师兴则公司兴，公司兴则国家兴。"

一般来说，我们法律人有公务员、社会律师、公司律师（本文的公司律师的概念即公司内部律师，等同于法务的概念）三条职业跑道。根据中国政法大学本科毕业生的就业去向数据，2015年70%以上的毕业生进入公检法司、政府机关和事业单位等机构工作，而去做公司律师的毕业生只占不到两成，其中很大一大部分还去了国有企业。可以说，在中国，公司律师这一法律职业还未真正引起各界的关注和重视。

但是，我从西方国家了解的情况却截然相反。在美国公司中，从事公司律师工作的有十几万人，公司律师在公司治理中发挥的作用举足轻重。首席法律顾问（Chief Legal Officer，以下简称"CLO"）已经进入董事会并成为核心成员，是公司董事会决策的高参和智囊，他们在公司位高权重，待遇优厚，是法律人争先恐后去奋斗的职位。

令人惋惜的是，即使在公司律师管理实务发达的西方国家，我也没有看到一个系统的法务管理学体系，甚至连公司律师的实践和理论都还没有搭建起一个完整的研究框架。笔者认为，如果不把公司法务管理上升到企业管理学和公司治理的高度，公司律师的发展就会遭遇瓶颈，因而很难在法律职业方面实现三分天下。而缺少公司律师的发展，法律人的职业布局会很不全面。

所以，当笔者看到健君先生的专著《公司首席法务官——企业的守夜人》后，倍感欣慰。作者在书中的很多观点与笔者不谋而合。在理论方面，他大胆创新，提出法务管理学、CLO制度和公司律师生态系统等理论。在实务方面，作者的观点更加鲜明，比如他认为CLO是CEO的商业伙伴，通过法律成就商业是CLO的工作目标；他强调公司律师的目标不是CLO，而是CEO，为法务的职业打开天花板；他将自己实务的经验总结为法律人技术派的智慧，每一部分都让人受益匪浅，这归功于作者常年的实战经验和积极反思。

《公司首席法务官——企业的守夜人》不是一本呆板的法律教科书，书中着力描绘的东西，很多与法律知识关系不大，但却涵盖了公司治理、政策走向、科技金融、竞争战略、职场圣经、文化融合等多个维度的法商秘籍。从文字中可以看出作者对产业经济、商业模式和公司运营等方面的透彻理解和深刻把握,有时你很难想象这本书出自一名公司律师之手,但书中法律与商业的无缝连接又让人不得不相信作者的法律功底和商业天赋。

可以说,这是一部较为系统阐述中国公司律师管理实践与理论的专著。我相信,以此为基础,中国法务界会掀起对法务管理学和CLO制度的研究热潮,这对企业发展和法治建设将不无裨益。

最后,作者的履历也引起我的兴趣。他从中国政治大学毕业后即南下深圳开拓事业,先后在几家大型上市公司担任CLO和公司高管,一头扎下去,一干就是十几年,这在当年大多数毕业生愿意留京的背景下更显得勇气可嘉。实践证明,当年作者的选择是正确的。深圳作为中国改革开放的窗口,走出了很多像中兴、华为、腾讯般的总部企业,它们在全球100多个国家开拓业务,充分展示了中国公司的竞争力,它们的法务部门也在市场竞争中变得异常庞大。

身处中国市场经济最为发达的前沿阵地,又身处全球竞争最为激烈的TMT行业,作者的法务管理思想也被锻造得异常敏感、活跃、专注和先进。他提出的公司律师的商业价值理论已经成为公司律师界的学习标杆,并且自己一直在以身作则地践行,这一点尤其难能可贵。像健君先生这样,既具备多年跨国上市公司律师实战经验,又具备强大理论分析能力和体系构建能力的公司律师确实为数不多。

公司律师兴则公司兴,公司兴则国家兴。无论对于企业界、律师界还是准备和已经从事公司律师的人来说,《公司首席法务官——企业的守夜人》都是一本不可多得的好书。通过这本书中调皮活泼的行文,你会读出一个在TMT行业浸淫十多年的CLO的切身体会和独到见解,以及其身处上市公司高管的责任和从容,值得一读。

笔者认为，律师是一个国家法治文明的标志（江平语）。前几年，孙国栋主编《中国大律师》，约笔者写序，笔者就以《律师兴则国家兴》为题，指出了社会律师对于国家的重要性。社会律师兴则国家兴——只有律师制度发达了，国家的民主、法治制度才能够更加完善。我们看发达国家对人权的重视、对法治的重视，很大程度上都表现在对律师作用的重视上。

陈光中是著名法学家、法学教育家、新中国刑事诉讼法学开拓者和重要奠基者、中国政法大学终身教授。他也有类似的观点。

对于律师在法治社会建设中的作用，陈光中教授是这样认为的："律师兴则法治兴，法治兴则国家强！"陈光中教授认为："判断一个国家是不是民主与政治的标准是多方面的，其中，律师制度如何则是一个很重要的标准。"律师是促进社会公平正义、保障公正司法的重要力量。律师是走在保障人权第一线的人。如果没有律师，这个社会就很难有法治、有正义、有人权。所以，要建设民主与法治的社会，公权利、老百姓以及全社会都要尊重律师，使律师得到应有的地位。

公司律师建设有利于强化企业依法经营管理的意识，确保企业健康合法有序地实施经营行为，企业的有序发展离不开健全的企业规章制度的约束和保障。在经济社会里，经过市场的残酷竞争，优胜劣汰，扎根下来的企业都形成了一定的经济实力和企业规模。随着企业的扩大，管理在企业发展中的地位也不断被抬升，企业规章制度的合法性、规范性、健全性也逐步在为企业所关注。经济环境在改变，立法在完善，法制在健全，一些滞后的企业规章制度已不再适应经济发展的新形势了，必须及时更新；否则，必然会影响企业的健康发展，从而削弱企业生命力和市场竞争力。

卢梭有一段名言："规章只不过是穹隆顶上的拱梁，而唯有慢慢诞生的风尚才最后构成那个穹隆顶上的不可动摇的拱心石……一切法律之中最重要的法律既不是刻在大理石上，也不是刻在铜表上，而是铭刻在公民的内心里。"这段话无疑是对法治文化、法治信仰最好的阐释。

公司律师建设有助于实现公平、公正、公开的法律价值。企业价值观与社会价值观往往是一致的。而实现依法治企，可推进企业的健康、稳健、可持续发展。

中国公司走不出去的最大问题不是资本问题，而是法律问题和文化价值观的问题。中国经济跑得过快，制度、人才和文化的建设都落在后面。如CLO制度在中国的发展满打满算也就十来年的时间，而且中国企业的CLO由于过度行政化还不是现代公司真正意义上的CLO。如果查阅上市公司披露的报告或者官网信息，你会发现目前加入公司高管和董事会的CLO真的是凤毛麟角。

其实，经济发展与上层建筑的这种"咬合"关系和时间错配不仅在中国，在很多发展中国家都有相似的案例。

CLO在企业中地位的高低，从侧面反映的是国家经济的发展阶段和公司治理的不同水平。企业越大，技术越先进、越国际化、越深度参与资本市场，CLO在企业受到的重视程度越高。

实事求是地讲，中国公司不论在外部的软环境还是内部的公司治理方面都与西方公司有很大的差距，努力学习西方成熟的管理制度，推动中国公司法治合规的任务尚任重道远。我们有幸成为其中的一员，虽然有时感觉曲高和寡，但只要有微薄贡献，心里已经满足。

健君先生的这些观点，切中时弊和要害。

党的十八届四中全会提出了推动依法治国的重要决策，这是党中央根据国家的发展情况，顺应现代化的发展需求以及人民群众的思想意愿，并通过历史总结得出的经验教训作出的战略性决定，表现出党中央对法治建设的极度重视，深刻认识到执政的秩序是国家治理史上的关键里程碑，一定会对国家企业的发展与改革带来深刻而重要的影响。对国家的经济而言，企业经济是其主要的构成部分之一。

有"中国巴菲特"之称的赵炳贤先生曾表示："国家要长治久安，必须依法治国，而且要长期、一贯、一致，否则只是口号而已。企业是国家一分子、社会之公器，必须依照国家的法律治理企业，这既是企业基业长青的需要，更是社会责任的体现。尤其在经济新常态的今天，企业不仅要遵守国家法律，更要严格遵循自身制定的企业制度，这才是依法治企的根本体现。"

他还表示："依法治企是依法治国的必然内容和依据。依法治国是国家的上层建筑，是治国方略，而依法治企则是依法治国在经济领域的贯彻执行和具体体现。"落实到具体层面，则是将公司制度上升到企业治理的高度上来，对企业而言，制度即法，制度大于一切，尤其是作为企业领导人，必须转变认识、厘清思路，及时从"人治"转入"法治"。

建立公司律师制度，法治成为企业竞争的重要软实力。

"中央企业要以打造'法治央企'为目标，着力增强企业领导的法治思维，要将企业行为始终规范在法律框架内，确保经营管理活动不踩线不越界。"国资委副主任黄淑和在央企法制工作研讨会上如此表示。

在落实法律顾问制度的过程中，央企走在了前面。据统计，截至2013年底，央企全系统有2560户建立了总法律顾问制度，集团和重要子企业总法律顾问专职率分别达到 64% 和 50%。央企全系统法律顾问队伍达到 1.8 万人,持证上岗率接近 60%。

赵炳贤还强调:"对企业而言,制度是法,理念是德。在公司治理中,公司章程类似于国家宪法,是公司的根本大法。公司章程既要符合公司法,又要在此基础上细化以符合企业发展的实际需要。依据法律对企业进行经营和治理即是企业立足于国家和社会的根本。"

一、强化规矩意识,完善企业制度

作为一名党员、领导干部,必须要强化自身的规矩意识。如果要推动依法治企,那么就必须按照规矩和程序来进行。对企业来说,所谓的讲规矩即要求企业员工必须要按照公司的规章制度严格要求自己,因此要求企业必须要建立健全管理机制以及运行体系。企业应充分利用近些年来探索建设现代化企业得到的经验,坚持依法治企,公司董事会应依法选择合适的管理人员,管理人员需依法行使职权,将党组织和企业的董事会、管理层之间的关系进行妥善处理,并且要严格将三重一大决策制度与民主集中制落实到位,致力于完善所有的议事规则,提高党组织的监管能力,强化企业的民权决议、科技决议以及依法决策的水准。

二、强化底线意识,规范经营管理

国家的规章制度即是给企业的经营与生产设立了一块不能跨越的禁地,唯有在法律许可的范围内,才能够让企业保持科学平稳的发展。近年来,部分企业与领导干部被利益欲望所驱使,法治观念越来越淡薄，在进行生产工作的过程中毫无顾忌、沦丧道德原则，并因此付出了惨重代价，深深警醒着广大企业与领导干部。目前，企业正面临着全面深化改革的重要历程，所有的经营管理人员都要对国家的法律条例存有敬畏之心，必须从始至终严守着遵纪守法的禁地，使经营管理模式标准化、规范化。企业管理人员必须要认真学习相关的法律法规，并将它们落实到位，坚持依法治理企业、依法经营企业、依法进行施工、依法进行生产，从而保障了安全进行生产施工、合法进行投标以及工程施工质量达标等，树立一个负责任、讲信誉以及注重法治的健康企业形象。此外，企业还应大力进行法律顾问建设，从而达到对法律风险科学防范、有效识别以及合理控制的目的。

三、强化执行意识，加强制度约束

唯有有效实施，才能够体现出法律的权威性以及法治的生命力。推动依法治企的发展，最重要的便是在执法过程中，没有任何人拥有特权，没有任何人是例外，坚决杜绝"破窗效应"。必须要严格进行执法，奖罚分明，有过失必追究，有功德必奖励，养成遵纪守法的优良作风，全面提升企业的执行力度。相关的领导干部应起到带头作用，必须要遵纪守法、严格执行、言行一致、表里如一，维护企业整治管理条例的威严性。此外，还应对领导干部、管理人员制定相应的绩效考核及责任体制，尤其是针对营销生产出现的重大失误、工程项目的亏损、企业管理的秩序混乱、重大的安全质量事故进行责任追究，从而提高企业的依法治企、按规则做事的强制约束能力。

四、强化公正意识，营造工作氛围

对法治而言，公正即是其生命的准则。因此，在企业进行依法治企的过程中，要努力追求公正公平的价值目标。只有在企业的人才资源充足的情况下才能够让企业更加兴盛，因此，为了让企业出现人才济济、人尽其能的良好状况，企业必须要创造出公平公正的工作环境，让员工拥有公平公正的发展空间。

五、强化人本意识，保障员工权益

为了推动依法治企的发展，必须要坚持以人为本的理念，维护企业职工的合法权益，创建出和谐的劳务关系。

理论上如此，实践也证明了这一点。

李光耀讲过："新加坡人大多是福建人和广东人的后裔，祖先都不识字，很贫穷，而达官显宦、文人学士则全留守中原，因此没什么事是新加坡人做得到而中国做不到的，或没法子做得更好的。"

李光耀在新加坡实行的正是"法家之道"。李光耀毕业于英国法学院，新加坡人口仅400万，"国父"李光耀从做社会律师起家，按人口平均计算，新加坡是全球社会律师最多的国家之一。新加坡经济的成功，离不开一支庞大的社会律师队伍，尤其是精通经济、航运、商贸、金融、物流等方面的专业律师。

马云作为一个特别成功的商界精英，离不开美国华人律师蔡崇信。蔡崇信是美国耶鲁大学法学院的硕士毕业生，有纽约两年的律师工作经验，后又到瑞士一家风险投资公司任亚洲部总裁。那时马云正为阿里巴巴寻找风险投资，蔡崇信代表公司与马云谈合作，最终没谈成。在谈判的第四天,蔡崇信突然对马云说:"那边我不干了,要加入阿里巴巴。"马云大吃一惊:"我这儿每个月就500元人民币的工资,你还是再考虑考虑吧。"蔡崇信还是放弃了百万美元的年薪,加入阿里巴巴,用马云的话说:"他的收入当时可以买下几十个阿里巴巴。"在蔡崇信刚加入时,马云正准备成立公司。蔡崇信任阿里巴巴CFO,他为18个创始人准备了一个完全符合国际惯例的英文合同,上面明确了每个人的股权和义务,蔡崇信既精通法律又精通财务且熟知国际惯例,为阿里巴巴与国际大公司的合作提供了很大帮助,同时也增强了风险投资者对阿里巴巴的信任度。

1999年,马云带蔡崇信到旧金山融资,七天时间里见了40多位投资人,全部遭到拒绝。最终,在蔡崇信的帮助下,高盛协同富达投资和新加坡政府科技发展基金等向阿里巴巴注资了500万美元,让马云度过了创业初期的寒冬,阿里巴巴获得了其历史上第一笔"天使基金"。

2000年,阿里巴巴无论在发展方向还是盈利模式上都处在探索阶段,此时把很多分公司建在海外,无论从哪方面看都是头脑发热之举。18位员工中,除蔡崇信是国际化人才外,其余的员工都不具备管理国际化团队的能力。2001年,阿里巴巴拥有了100万个注册会员,成为全球首个达到100万注册会员的电子商务网站。2002年2月,日本亚洲投资公司投资500万美元给阿里巴巴。马云的公司2003年每天收入100万元,2004年每天盈利100万元,2005年每天纳税100万元。有人称,如今马云成了中国大陆的首富,阿里巴巴在美上市后,首次接受媒体专访,独家揭秘其幕后的故事,称没有蔡崇信加入,就没有阿里巴巴的今天。

从法律风险和纠纷比例也可以佐证。

周强院长在《最高人民法院工作报告》中披露，2015年"地方各级人民法院受理案件1951.1万件，审结、执结1671.4万件，结案标的额4万亿元。同比分别上升24.7%、21.1%和54.5%"。

此前，李克强总理在《政府工作报告》中披露，2015年"国内生产总值达到67.7万亿元，增长6.9%"。

上述数据表明：国人一年干了67.7万亿的活，地方各级法院结了4万亿元的案子，全国经济总量中约有5.92%（4除以67.7）是经历了诉讼的，共计约5.92%的资金及资产脱离了正常的使用用途，纠缠在诉讼里。于国而言，诉讼冷冻资产的损失不可谓不惊人！DDP增长率6.9%，而地方各级法院受理案件增长率为24.7%。冷冻资产增长趋势不可谓不骇人！[1]

对企业和个人而言，如果一个案件最少估算平均耗时三个月，则涉案资金及资产在至少25%的时间里处于诉讼冷冻状态，无法正常使用，价值损耗和机会损耗触目惊心。

上述数据可以看作法院系统的功绩，也是诉讼社会律师的利益渊薮。从另一角度，则表明更多企业和个人已身陷法律风险，或将身陷法律风险。于企业而言，是其战略风险、财务风险、市场风险在经济下行的严酷市场之下被放大，最终体现为法律风险，甚至恶化为诉讼。

对于法律风险防范在企业管理中的地位和作用，不同主体有着不同的表述，如"法治是企业的核心竞争力""法治是企业的竞争力之一""资本＋技术＋法治＝收益""收益－法治＝效益"等。无论如何，企业的本性在于对盈利的追逐。

---

[1] 吴丁亚：《两会报告惊人警示：身边法律顾问已成企业核心竞争力》，http://china.findlaw.cn/lawyers/article/d633365.html。

由此可见，在经济下行的宏观层面之下，企业更应该关心如何更加谨慎地进行经营决策，避免坠入法律风险和争诉的困境。换言之，谁避免陷入法律风险，谁就多拥有了25%的可用资产，成为竞争的优胜者。面对危局，经营决策中法律人的专业知识和经验就成为企业核心竞争力最重要的组成部分。

预防诉讼（无讼）是中国法律人的传统，甚至在先贤们看来，诉讼的目的也是无讼。《论语·颜渊》有云："听讼，吾犹人也。必也使无讼乎。"作为古老的"法律人"，孔子标榜自己说：审案子，我和别人差不多，但我的目的是追求无讼。

经济危局之下，对于客户身边的法律人，律师更应该向孔子学习，强调"教化"，预防诉讼，使客户或雇主企业达到"无讼"的目标。一方面，社会律师应更多着力开发法律顾问业务，并且避免客户"三顾始谋"，将"不顾不问"变为主动参与客户决策和风险论证。

对于企业老板而言，如果你认为律师是诉讼专家，在诉讼中经历了刀光剑影，血流漂杵，则他们更有能力，也更应该告诉你如何"无讼"。如果企业无讼，那么老板就有更多的营运资金，更多的运营机会。可以肯定，对老板而言，与其支出诉讼代理费，不如给律师支付法律顾问费，后者的性价比更优。

身边有个律师，也是企业的核心竞争力。

第二章
法务管理学将成为一门新兴的管理学科

法务管理由来已久，近些年来更是逐步成为国际上关注的热点，在一些发达国家，法务管理不仅在理论上发展迅速，而且很多企业都已认识到法务管理的重要性，越来越多地将法务管理应用到企业管理的各个方面。尤其是在安然、世通等事件发生后，法务管理更加为各国所重视。可是，在目前的管理学科的核心课程中至今没有将法务作为一门管理学科对待，这可以说是管理学科建设中的一块短板。事实上，公司的法务管理涉及公司管理层的各个环节，一个公司的战略、人力资源、财务、市场营销以及公司运营等诸方面的管理无一不涉及法务管理的问题。

作为一门实践性很强的学科，法务管理学虽然不会摆出一副硬邦邦的学术面孔，但如果没有深厚的理论基础和丰富的实战经验，作为学院派，你可能会因不接地气遭到实务派的冷遇；作为实务派，你有可能因没有系统的理论框架受到学院派的鄙视。最好是怀着谦卑的心态，试着走进法务管理学的殿堂，你不仅会发现这种新兴跨界学科的特别定律，而且发现原来它是那么耐人寻味和兴趣盎然。

管理的核心工作是协调，法务管理协调的是人的合规行为，风险防范意识。协调的主要手段是规则、道德、管理，法务的手段是风险管理、合规管理、实务管理、合同管理、招标管理、诉讼管理等。

管理的本质是人们为了实现一定的目的而采用的一种手段，法务管理的本质是防控风险，保证企业健康安全运行。

衡量管理好坏的标准就是能否用相同的资源实现更大的效益。效率与效益相比，效益是第一位的；有效的管理，既要讲求效益、也要讲求效率。

法务管理的基本职能包括计划、组织、领导、控制。计划：表现为确定目标和达到目标的步骤；组织：目标变成现实需要的人力、资源、分工合作合理配置的过程；领导：运用职权和威信，协调人与人的关系、激励员工努力工作；控制：保证实现目标过程中的检查和纠偏工作。

法务管理学基于法律和社会人文学科，是一门不精确的科学，没有固定法则演算，没有精确定律；是一门综合性科学，包括哲学、经济学、社会学、心理学、法学、数学等；是一门实践性很强的应用科学，解决问题的能力相当关键；是一门发展中的科学。

法务管理者的技术技能、人际能力、概念能力（分析综合判断能力）和管理环境的构成及内外环境因素，对地位、角色、作用、功能有显著的影响。

中国要从一个经济大国走向经济强国，中国的企业特别是国有企业必须努力实现从大到强的跨越。在这方面，有不少理论工作者和法务工作实践者发表了不少文章，作了有益的探索和研究。

一、目前国内法务管理模式及分析

目前，国内法务管理主要脱胎于企业法律顾问模式，直到公司律师制度的推行才给其注入了新的活力因素。

1. 法务管理组织架构及分析

由于企业法务管理组织架构在各企业的表现载体各不相同，呈现多种方式。

模式一：外聘主导型，主要聘请外部法律从业人员进行法务管理，企业内部设立法务岗位或无法务岗位。这种模式适用于企业规模小、对人力资本要求不高、行业法律风险不大的企业。

模式二：内设主导型，主要设立内部法务管理机构，设立专职法务人员，是否外聘法律顾问是次要问题。这种模式主要特点是以内设法务人员工作为主，有的除了从自身需要考虑外，还外聘法律顾问作为辅助管理手段，有的则完全依赖自身法务人员。这种模式也占有很大的市场，适用于企业规模中型、对人力资本有一定要求，行业法律风险适中的企业。

模式三：公司律师型，申请成立"公司律师事务部"，部门成员均须通过国家司法考试（社会律师资格考试）并统一由所在公司申领"公司律师证"，接受律协和司法局统一管理。这种模式的主要脱胎于社会律师专业分工逐步细化并借鉴西方国家社会律师构成，是深化社会律师制度改革的产物。其区别于法律顾问的主要特点是"公司律师"享有执业权利、职称权利和会员权利。因此，"公司律师"除执业范围和业务领域有所限制外，其与社会律师的权利别无二致。

公司律师制度是新兴事物，2002年在全国各省份陆续开始试点，目前江苏省设立"公司律师事务部"的公司约10家。采用"公司律师型"模式的一般是大中型的企业集团，公司对法律风险管理有较大的需求而且公司领导对法务管理较为重视,并对法务管理有一定的实践积累、拥有一定数量的法律从业人员。这种模式解决了法务人员职业生涯规划断层问题和执业权利问题,有利于法务人员全心为企业提供法律服务,并能和外界法律从业人员保持良好的沟通。这种模式现实的优点是能和企业法律需求紧密结合,对所在企业的法律问题能及时响应,并利用对公司管理的熟稔来有针对性地提出解决方案,广泛参与企业管理,而且有利于保守企业商业秘密。但我们也应该看到,这种模式并非是"万能钥匙",仅是对法务人员如何从业的一种制度性结构安排,发挥"公司律师"在企业决策管理中的作用仍有待于所在企业创设合理的管控模式。

2. 法务管理管控模式及分析

目前企业常用的管控模式主要有"事前预控型""事中监控型"和"事后救济型"。

模式一:事前预控型,主要是指法务人员做好各项法律风险预控工作。

模式二:事中监控型,主要是指法务人员能在日常管理过程中能及时跟踪、监控各项法律风险的状况并适时纠偏。通常这种模式是对第一种模式的一种延伸,是对风险预控效果进行追踪。

这种模式体现在合同管理领域则是对履约过程控制的重视,体现在纠纷管理领域则是对双方协商结果履行过程的控制,体现在项目管理领域则是对项目实施过程中具体法律风险的披露、解决以及项目运作法律架构和法律文件体系的设计。

模式三:事后救济型,主要指问题发生后进行的补救管控模式。在法务管理实践中主要就是主动或被动地进行诉讼、仲裁,通过司法途径解决问题，通常是最后的救济措施。

二、合规管理与合同管理及法律事务的比较研究

企业法律工作的范围，没有一个统一的规定，也没有公认、统一、明确的分类。但是，任何一项工作，其业务范围的分类和界定直接关系到管理的定位、业务的属性和工作的方法。

一般来说，企业法律工作有以下几种分类方法：其一，依照学科划分，按照民法、商法、经济法、行政法等学科分类，法院的立案和审判就是按此分类的。企业的法律工作相应的分为民法类、商法类、经济法类等，并按此设立相应的部门，中介机构律师事务所也按此进行分类。其二，依照企业业务划分，企业法律工作的内容产生于生产经营的业务之中，如财务税收、安全环保、资本运作、企业改制、重组并购、对外交易等，有多少类别的业务相应的会产生多少法律业务，因此法律业务纷繁庞杂，分支较多。其三，依照法律业务的集中度进行划分。一般来讲，企业会将法律业务集中度低、出现频率低、工作量少、简单容易处理的事务，或者与业务紧密相关的法律工作分散到各业务部门自行管理和处理；将法律业务集中度高、出现的频率高、工作量大、技术含量高，难以处理的法律事务交由法律部门统一管理，集中处理。如将普法、法律咨询、法律风险防控、合同管理、企业登记的内部管理、知识产权管理、诉讼和非诉讼的处理，列为企业法律工作，这也是国内目前通行的对法律工作业务的范围界定和分类。

以上几种法律工作分类方法比较直观，简单易行，有其合理性；但这个分类没有按照企业管理的流程进行划分，有一定的局限性，难以从科学管理的角度进行定位、划分和开展管理工作。应当从管

理学的流程角度来进行探讨和分析。

从管理学流程角度讲，企业管理流程大致可分为四类：一是战略发展流程，二是核心业务流程，三是经营管理流程，四是没有进入流程和难以归类的事务性工作。

企业法律工作进入流程的是两大类，一是战略发展流程中的合规管理，包括法律合规管理；二是经营管理流程中的合同管理。不能进入上述流程的应当归纳为其他事务性工作。

法律合规管理，就是企业要树立依法经营的理念，培育合规管理的文化，强化企业工作人员的法律风险意识和法律效益观念，正确认识违法成本、违法收益和守法成本、守法收益之间的关系，注重稳定、长远、合法的利益，避免不稳定、不合法的利益，把依法决策、合法经营、内控管理作为企业人员的基本理念和行为准则，确保国家法律法规在企业的贯彻和执行。通过法律的合规管理，建立健全法人治理结构，规范企业的组织行为，以国家有关资源、土地、安全环保、安全生产等方面的行政法律、法规为依据，协调处理好与政府监管的行政法律关系，以相关专业法规规范内部人力资源管理、财务管理、投资管理、资产管理、知识产权管理等，培育健全市场体系和诚实守信，保证企业长期、稳定、可持续发展。

合同管理，是指企业通过遵守合同法、招投标法等法律法规，建立以合同管理为主的企业规范化管理方式。即业务部门通过预算审查，工程量确认，工程质量控制和跟踪监督，实现合同从立项到验收的业务控制；工程造价部门以总预算为依据，细化分类工程价格，控制单项工程成本；质量安全环保部门通过安全生产合同，划分安全环保责任，强化安全生产，避免生产责任事故和不安全因素；审计部门通过事前、事中、事后的合同审计，防止效益流失；法律部门通过主体审查,合同条款内容把关,使合同内容合法、条款严密、主体可靠、"栅栏"严密,避免交易风险,保证企业横向经济交易往来的顺利进行。

其他法律事务工作,是指没有进入战略管理和经营管理流程的其他业务派生出来的法律事务,如诉讼和非诉讼处理,某一项业务的法律咨询和论证,企业对外投资、担保的法律指导等。它们产生于企业生产的业务之中,涉及企业管理的方方面面,生产经营的各个环节,工作界面表现为非计划性、非预见性、非统一性、非可控性,散见于各个部门,业务相互交叉重叠,很难从管理流程的角度进行计划安排、统一部署、内部控制、科学管理。

合规管理与合同管理及法律事务三项工作共同构成了企业法律工作的业务范围,它们互相包容,互相交叉,互相联系,互相影响,构成一个统一的整体,不能割裂开来,不能偏废。但是,这三项工作的认识不同,定位不同,关系不同,目标不同,会直接关系到企业法律工作开展的次序、目标、管理的方法、发挥的作用不同。

1. 企业管理流程不同,管理方式也不同

一般来讲,企业管理会涉及组织体系、规章制度、基础工作、过程控制、激励机制、人员素质等科学方法和严格的流程,财务、计划、人力资源等管理,都会从这些方面深入研究、设计流程、构建框架,不断提升管理水平。合规管理和合同管理是企业管理流程的两个方面,管理方法也是一样,概莫能外。

如果把合规管理和合同管理按照法律事务的方式进行非计划性、非预测性、非稳定性的突发性工作来进行管理就会无头无尾、杂乱无章;同样,如果把其他法律事务性工作按照合规管理的流程进行管理，则会大马拉小车，效果事倍功半。

2. 工作顺序不同，工作目标也不同

一般来讲，企业法律工作开展的顺序，是先法律事务工作，接着是合同管理，达到顶层是合规管理，这也反映出企业法律工作由低到高的递进层次。最初，企业是遇到了纠纷，遇到法律难题，外聘社会律师来帮助企业解决一些法律问题，法律工作人员是消防队，帮助企业灭火，这样就事论事，是企业法律工作开展的初级阶段。随着企业对法律工作认识的不断提高，对法律工作的重视不断加强，企业会建立自己的法律工作队伍，开展普法、合同管理等法律风险防控工作，并逐步向合规管理迈进。遵法守法，执行法律，保证企业的依法决策、合规经营、内部控制，是企业经营的底线，也是不可突破的高压线。但是一些企业始终徘徊于法律事务性工作，就事论事，或者在合规管理取得成就，法律风险很少时，减少合规管理的人员工作和成本，企业法律工作会走回头路。

3. 定位不同，管理层次也不同

合规管理属于企业的战略管理，与公司治理、发展规划、管理结构、经营计划、运营监控和公司报告的重要性一样，合规管理中的安全、健康、环保、风险控制，也是一把手工程，因此，都就由一把手直接领导，成立各部门参加的管理委员会，齐抓共管。合同管理属于企业的经营管理流程，等同于人力资源管理、财务管理、投资、采购、资产、信息等管理流程，一般会由企业的主管领导分工负责。上述两项工作从管理角度讲，应有自己的管理体系、工作内容和工作方式，需要建立企业自己的队伍来管理。

至于其他法律事务性工作，因为不属于企业管理的正常流程，且具有日常性、突发性和非连续性，一般不会由一把手和分管领导进行管理和指导。许多事务性工作也不一定需要常设机构来进行管理，甚至可以聘请法律中介机构，一事一处理。

4. 业务集中度不同，工作方式即不同

合规管理和合同管理业务共同性多，标准化程度高，业务相对集中，具有计划性、连贯性、可控性，可以建立信息化平台。合规管理以企业制度设计来规范企业管理，以法人治理结构来规范生产经营行为，通过提供法律管理标准和体系，并对法律风险防控进行测试来保证法律事务开展。合同管理以经济性、技术性、合法性审查来保证经济往来的顺利进行，可以适用企业管理的计划、组织、领导、激励、控制、协调等六大职能手段，与其他管理部门一样，是通过管理来实现的，突出的是管理。其他法律事务工作业务共同性小，标准化程度低，业务相对分散，具有随机性、非连贯性和不可控性，但处理起来法律技术含量要求却很高，突出的是个人的业务素质和个人解决问题的能力。

5. 法律风险不同，风险防控力度不同

总的来说，合规风险大于合同风险和一般法律事务的风险，合规管理牵涉的风险重大，部分领域如垄断、安全、环保、信息披露等都具有全局性甚至颠覆性；同时涉及的风险范围广，基本覆盖各个业务领域，风险层次多，涉及政治、经济、社会责任，容易引发社会舆论，对于大型国有企业而言，此三种责任的影响最大。而相对而言，合同管理和一般性法律事务的风险度小、性质单一、责任较轻，多数情形表现为经济纠纷。因此，做好合规管理，就是防范重大风险。从某种意义上讲，法律合规管理和合同管理是法律风防控的平台，法律合规管理和法律风险防控是一个事物的两个方面，合规管理是法律风险防控工作的机制和手段，风险防控的目标则是结果和目的。

三、法务工作的定律

1."二八"定律

一个商业组织 80% 的风险都是由合同产生，但即便是跨国公司，他们真正愿意花在合同风险控制上的时间和精力投入都不会超过 20%，这就是法务管理中的"二八"定律。其实，类似的现象在法律事务中不胜枚举，例如在风险预防上，不管公司领导如何强调防控的重要性，他们却对法务 80% 大量烦琐的事前风险预防工作熟视无睹，而会对 20% 的事后重大案件和危急事件过问有加。如果在年终大会上法务得到褒奖，那一定是打赢了官司，而不是风险预防做得好。还有，在团队管理上也一样，不管一个法务团队如何庞大，80% 的公司律师却总是默默无闻，办事麻利、能出业绩并在公司摊上大事时能挑起大梁的总是那 20% 的公司律师。

法务管理的"二八"定律也让法务不得不开始容忍这样的现实并习以为常：不管你如何强调法律风险的巨大和危害，它永远都被排在公司风险类别的最后而不及公司战略、技术和经营等风险；在做任何商业决策时，法律风险都是 CEO 最后一个考虑的问题，而且只是因为不考虑它显得决策者的思维不全面和严谨；尽管很显然，法律风险是许多企业的短板，但好像大部分公司业务也没有受这块短板的影响，而完全因为法律风险被打倒的企业更是微乎其微。特别是在中国，再多的法律风险预警抵不过一个政策的转向，于是乎，

"市场派"反过来会这样教训法务:"真正要提醒的是你们,不要因为让公司过于担心法律风险而耽误了潜在的巨大商机,成为公司的罪人。"

2. 不确定性定律

万事万物的不确定性是风险管理产生的根本原因,人类一直试图从不确定到确定性的追求,构成风险管理的核心内容。法务深信不确定性定律在风险控制上的暗示,例如,若一个项目风险控制存在好的一面和坏的一面,他们宁愿相信会朝着最坏的一面发展,但研究结果却让法务很是泄气:预警很多次的法律风险往往不会发生,不管你如何在公司里叫破了喉咙,而当法务自己都认为该风险不会发生而取消预警的时候,风险却终于发生了。无论如何,对优秀、好强的法务管理者来说,发生这种事情都是很没有面子甚至是无法接受的事情。

不确定性定律告诫我们不要试图预测和测量风险,否则将自取其辱,但法务在这条道路上却乐此不疲。首席法律顾问(CLO)更愿意相信,通过长期的经验积累和职业锻炼可以令法务的风险嗅觉越发敏锐,而通过逐渐丰富的大数据信息和先进的风控测量技术和模型,可以帮助法务将风险控制做得更加准确。在风险管理上法务也始终坚持这样一个原则:往最坏处想,朝最好处做,在不确定性中寻找确定的规律,重视小概率事件并做好各种充分的应对,这样的积极心态本身似乎也没有什么错。

3. 法外定律

法外定律即非法律因素往往成为法务搞定事情的核心要件,功夫在法外。在我们日常的法务管理活动中,也处处体现着该定律的作用。例如，一个公司律师被重用是因为其干成很多法律之外的事情；一个公司法律部保持其高胜诉率一定有强大的人脉资源做支撑；一个危机事件如果处理得当往往得益于背后公司律师的辛苦游说；而如果能将一个被动诉讼成功转变为对公司正面形象的宣传，该企业一定配备了具有超强公关能力和策划能力的首席法律顾问，而且他一定不仅仅在法律上在行。

法外定律会提醒法务，在处理相关法律业务时，不能把精力全部放在纯法律层面的东西，而应该把眼界放得更加宽广。没有综合能力修养的法务已经无法跟上现代商业发展的需求，最终会被竞争激烈的商业组织淘汰。法律永远只是基础层面的要素和工具，法律之外的要素如战略、政策、媒介和产业等更应该引起我们的重视，这一定律在商业自治领域体现得尤为明显。法务经常会在自以为很内行的领域被外行教育，至少部分受制于自己狭隘的格局。

4. "头头" 定律

在亚洲特别是中国公司治理中有一个普遍现象，即法务在企业内部地位比较高的，不是有一个有背景且能力强的CLO站在背后，就是公司CEO因为吃过大亏而非常重视法律合规。而一旦领导人员发生更替或不重视了，法务的组织和地位就会发生巨大的变化，法务的发声也变得人微言轻。"头头"定律揭示了在亚洲企业和家族公司中法务管理强烈的一把手人治色彩，公司法治意识强烈依赖"头头"的意识，因此也具有很差的稳定性。在这种夹缝中，法务也发现，一切法律合规从"头头"抓起效率最高，CLO应该将主要精力花在对"头头"法律意识的培养和教育上，"头头"若想明白了，一切法律事务办起来就顺理成章。

"头头"定律在法务管理上体现得非常明显,却不一定适用于企业的其他管理行为,这或许是因为,与欧洲人相比,亚洲人的人情社会比较复杂。从感情上讲,没有一个中国商人喜欢社会律师,除非他开的是律所,提供的是法律服务;也没有一个商人主动愿意跟社会律师接触,除非他已经遇到法律纠纷或者官司缠身。这种思维惯性令公司治理距人治更亲近而离法治更遥远,大众更愿意相信人情和权威而冷落法治和秩序。"头头"定律对法务管理的影响不可小觑,它可能是法务管理发展中最大的心理障碍,不比垄断和非法治的市场经济带来的负面作用小。

5. 非必要存在定律

不管如何强调法务管理的重要性,我们都不得不接受这样一个残酷现实,法务永远都不会成为一个企业的必备业务模块,特别是对小公司而言,更无成立公司法律部的必要,这就是法务管理的非必要存在定律。事实也是这样,考虑到成本问题,大部分的中小民营企业都没有成立法律部;更让人唏嘘的是,在很多已经设立了法律部的企业,事后证明其实根本没有设立法律部的必要,只是大家不愿承认这个事实——离开法务,企业可以照常运转,而且效率可能还会更高。

大部分法务根本不会承认非必要存在定律,认为是无稽之谈。想想也是,很多CLO一直认为自己很重要并且每天都在试图说服企业主,应该在法务上投入更多的人力和物力,法务可以为公司创造价值,在这种情况下,怎么可能让他们接受自己其实没有存在的必要的冷酷事实。因为触及了法务存废的根本,承认非必要存在定律需要非凡的勇气和极度的自信。但我们必须保持清醒的头脑，不管你承认或不承认，这个定律都在那里。只有敢于认识并承认该定律的存在，时时刻刻保持危机感，法务才会更加认真地思考自己在公司的价值和定位，以及未来业务的重点。

6. 从不否决定律

相比其他公司高管，有些西方跨国公司的股东会或者董事会更愿意相信CLO并赋予其一票否决权，他们希望通过CLO的否决对经营管理层怠惰舞弊和内部人控制现象进行监督和制衡。这种特殊授权体现了董事会对CLO的极度信任，但调查发现，似乎所有的CLO都作出了一致的选择，从来不行使否决权，这就是法务管理上的从不否决定律。

CLO为什么不会凭借否决权耀武扬威一把，而是选择低调地协助业务单位的决策，从心理学来讲，可能是因为帮助业务单位出谋划策会比否决业务让CLO更加有事业成就感。但更多的行业内专家在如下观点上达成一致：从不否决定律一方面体现了CLO对商业决策的尊重，另一方面也体现了CLO在否决权行使上的慎重，同时也展现出CLO在商业风险把控和博弈上的高超水平。而且，不进行否决不代表着放弃权力，悬在空中的剑可能比已经落下的刀更有威慑力。从简单的否决行为进化到对商业的敬畏是一个成熟CLO及其法务团队的专业品格和必备修养。

7. 无主业定律

没有一个公司律师能清晰地讲清楚法务的主业是什么，或者即使他讲清楚了也很难得到其他同行的认同，这就是法务管理的无主业定律。确实是这样，法务除了审查合同和办理案件，好像的确没有哪个业务会泾渭分明地分给法务去做，或者当哪个事情发生时业务单位一定会想到法律部。而仅仅合同和案件这两个业务则确实过于单薄，很难支撑起一个大部门的工作职责，毕竟企业主要是做生意而不是打官司，而且打官司也只是时有发生的事情。事实也是这样，在很多公司管理制度里，我们也很难找到一个对法务完整职责的明确规定。

这个定律想想都可怕，它不仅让审审合同、打打官司的传统法律部如坐针毡，而且更进一步证明了非必要存在定律的正确性。很多公司律师最后告别这一职业去做社会律师，很大一部分原因也是由于法务在公司尴尬而边缘的地位。但是现代CLO治下的法务价值发生了较大的变化，他们认为主业不清不一定是坏事，反倒它为法务的职能扩张提供无限可能，法务管理尽可以横冲直撞展开实践和研究，法务管控的范围可以无边无界。而当一个准备大干一场的CLO撸起袖子的时候，他却惊讶地发现，法务扩张往往阻力不在外部而在内部，很多保守的公司律师会自愿放弃新业务的开发，因为他们认为那样会给自己带来不必要的麻烦和挑战。

8. 零和定律

法务管理的零和定律是说，大部分情况下，法务管理都会被业务单位认为是低效的、无用的、没事找事的、防碍业务的。法务越积极主动地介入业务活动就会遭遇越强的来自于业务单位的反对，法务越是想嵌入每一个业务流程，业务单位都会想尽办法拒绝，就像陷入淤泥一样让法务痛苦不堪。在好一些的情况下，业务单位会选择非暴力不合作；在坏一些的情况下，他们会以影响业务为由，想方设法地进行阻碍甚至投诉。零和定律揭示了这样一个事实：法务管理在风险控制和经营效率上总是试图制造一个多方接受的动态平衡,但大部分情况下这样的良好愿望却很难实现。

零和定律清晰地指明,对抗和制衡一定会带来内耗,风险控制一定要以牺牲效率为代价,这是个零和游戏,没有共赢。实践证明,大部分的业务部门根本不会考虑风险控制,法务的善良介入不会给他们任何好感,反而会让他们感到厌烦和不安。所以,法务根本不要尝试去讨好业务单位,也不要抱任何幻想业务单位会投桃报李,只要保持不卑不亢即可,因为大家都是为了企业的利益而不是为了个人私利。

9. 帷幕定律

不管法务在后台如何运筹帷幄,也不管法务对企业的贡献有多大,在台上领奖的大部分是企业的市场、销售和技术人员。如果哪天突然冒出个公司律师出现在舞台上,大部分人会觉得很奇怪,甚至在这种指指点点下,公司律师自己都会觉得很不好意思。帷幕定律是跨国法务管理的一种潜在规则,它将法务与闪光灯隔绝,所以法务只能甘当幕后英雄。

帷幕定律还有另外一层含义,即法务的职业特征不适合抛头露面,或者他们根本就不需要接受企业表面的奖赏,因为他们已经是公司高层最为信任的一个群体。很多公司的高度机密只掌握在包括CLO等几个要员手里,很多公司棘手的重大危机和事故都交给法务处理,与很多竞争对手的暗战更是离不开法务的身影。在很多情况下,公司律师掌握着许多公司大事上生杀予夺和一锤定音的权力,归根到底,他们有着自己的舞台和观众。

四、《法律人的明天会怎样——法律职业的未来》

《法律人的明天会怎样——法律职业的未来》是英国作家理查德·萨斯坎德于 2015 年写作的图书。书中提及的变革三重驱动力、五大法律服务阶段、十三种颠覆性法律技术等真知灼见,为绝大部分中国读者所惊叹、推崇。

理查德·萨斯坎德以极具前瞻性的眼光,怀着对法律人的未来深刻关注的人文精神,在十几年前就提出了目前法律界面临的和即将面临的问题。这是法律人在互联网时代下的思考。

法务人作为法律人的一种,面临的问题其实是一样的。每一位法务人,背后都站着一家企业,在技术革新和管理动荡的双重冲击下,同样需要思考法务人的明天在哪里。

1. 驱动因素

法律服务市场正处于大变革之中,社会律师、法官、仲裁员、法务等法律人的工作方式都已在或多或少、或快或慢地发生改变。未来的法务会发生什么样的改变,取决于目前驱动法务群体前行的诸多因素。

首先,是精益管理的需求。未来的企业竞争,不再是某一特定资源的竞争,也不是某一个特殊能力的竞争,而是全方位、多领域、生态化的竞争。这种竞争带来的企业内部管理变化,更是要求精益创新、精益管理。这种管理模式要求企业每个职能都协同起来,发挥出最大的价值。"极致"是互联网时代的一种典型思维,只有极致,才能把某个企业在客户群中区分出来,才能赢得竞争。法务作为企业的一项职能,同样要做到极致。然而,法务部和其他职能部门一样,资源有限、预算有限。如何以有限的资源,完成极致的工作,是驱动未来法务人转变工作方式的第一要素。这也即是萨斯坎德提出的"事多钱少"所带来的挑战。

其次,是人才组织的变化。互联网时代,个人和组织的关系在重新被定义。旧式的个人对组织的从属、忠诚观念,越来越受到挑战。"90后"逐渐成为企业的骨干,年轻人不再满足于依附于某个组织。这种人才理念的变化,事实上已得到验证。现在的年轻法务,其服务于一家公司的工龄越来越短。例如,在某互联网企业,十余名法务人员组织起来的法务部,有一半以上的人员司龄不超过9个月。美国最大的职业社交网站领英(LinkedIn)的联合创始人里德·霍夫曼等在其新著《联盟》中指出,未来职业成功的秘诀是组织与个人的关系由以前的商业交易转为互惠关系。联盟是一种全新的人才机制,在这种因素的驱动下,未来法务人之间组建联盟,协同发展也是一种趋势。

最后,是信息技术的进步。法律职业工作,从某种角度来看,其本质是一种对信息的收集、分析、加工和处理过程。信息技术无处不在。从电子邮件的使用、法律条文与判例的可快速检索,到网站与博客的普及、法律论坛的运用;从微博与微信公众号的流行,到法律大数据、人工智能(AI)的发展,每一次技术的进步,法律人的工作方式都随之会发生改变。法律职业,包括法务工作,面临的最大挑战之一便是如何更早地采纳新的信息技术系统,更快地发现和抓住新兴技术带来的机遇。这里的机遇包括如何将现有、低效的人工处理过程计算机化、流程化。

2. 价值布局

变革的驱动因素带给法务人新的机遇和挑战，促使法务人员开始反思。企业全方位的竞争态势，要求法务走进业务第一线去熟悉企业、熟悉商业、熟悉业务需求。为能做到"极致"，未来的法务人应将资源分配到最有价值的地方。

在未来，法务人的多重价值会逐渐清晰起来。从支持交易的合同审核、法律尽职调查、法律方案设计，到控制风险的案件处置、合规管理、制度建设，最后到介入管理的战略建议、企业治理、业务取舍，这些都是法务人可发挥价值的领域。明日聪慧的法务人，其价值领域只会越来越广、越来越深。法务人也必须给企业带来更多的价值，其价值超过其他法律服务提供者（主要是指社会律师），才有立足于企业的基础，法务这个行业也才能兴起与发达。

然而，法务总监们一直在面临着"事多钱少"和"人才流失"的挑战。未来的法务总监如何根据自身企业的实际情况，找到提高工作效率的工具、划出法务与社会律师的边界、设定法务内部结构，是应对挑战的良方。这其实是一个价值结构的问题，它是未来法务人员在工作分工上的核心理念。笔者认为，未来的法务应将重心调整为以下三方面，在这三方面进行价值布局。

第一，未来法务应牢牢占据价值领域的高地。如前所述，企业法律服务的提供者为企业提供价值包括三方面：业务支持、风险控制、管理建议。从与企业的利润获取到目标的接触深度，三者有一种递进的关系。未来的法务人应在管理建议方面发挥出不可替代的作用，应与管理层理念保持一致，致力于提升企业核心竞争力。它要求法务不再局限于法律，而是着眼于企业的业务管理、战略管理与实施。这一点，正是外部社会律师无法达成的，也就成为法务与社会律师的一个重要边界。

第二，既然法务部永远处于"事多钱少"的窘境，那么合适的外包是有必要的。外包的承接商包括传统的律师事务所、逐渐兴起的第三方法律服务供应商。律师事务所在诉讼案件、合同审核、法务项目等方面，是有其优势的。换言之，由律师事务所处置这些事项，成本与效益之比更好。这就提示我们，未来法务部要学会如何建立规则，将适合由社会律师处理的案件、合同、项目委托给律师事务所来完成。新兴的第三方法律服务供应商，如判例库的快速检索服务商、法律实践知识的聚合服务提供者，因其规模优势和技术优势，能帮助企业大大降低相关支出成本，这也是可以外包的法务事项。当然，所有外包的结果，必然是企业的效率得到提高、成本得到降低，效果却可不变，甚至更好。

第三，在信息技术的帮助下，智能化处理一些重复性、流程化的法务工作完全是有可能的。未来的法务人，不再需要把精力投放到大量的重复性、低层级的文本阅读、标准化的资质审核等工作上。这些均可交给机器。大数据技术的运用，人工智能的发展，已使得人类程序员可以开发出通过阅读特定法律文本之后自动给出特定答案的系统。很多系统不仅是自动化，而且自身还有深度学习、创新的能力。在这种价值分工下，法务部的工作就变为找到那些适合机器工作的事务类型，以及帮助 IT 人员开发出适用的系统程序。

3. 制胜策略

未来法务要在不确定的复杂商业环境下赢得企业的认可，必须解决好上述驱动因素所带来的问题。精益管理，带来的要求是法务要切实深入业务，而不能再泛泛而谈。组织人际观念的变化，带来的要求是不同企业的法务必须协作起来,而不能再犹如一盘散沙。信息技术的发展,带来的要求是法务人员必须快速地学会、利用新技术。深入业务、协作、利用新技术的目标其实是一致的,那便是更精准、更有效、更低成本地提供企业内部法律服务。这就是未来法务人的制胜策略。

在思维方式上,未来法务人要学会和运用互联网新思维,重点是用户思维、简约思维和服务思维。用户思维是强调倾听客户心声并加强与客户的深度互动,打破部门之间的疆界。秉承该思维方式的法务人员,应视自身为业务部门的一员,从业务角度来考虑法律问题。简约思维要求法务提供专注和简单的法律服务,致力于解决问题,而不仅是提出问题。服务思维是强调给客户提供非凡的客户体验。在与企业领导沟通时,法务人员如果能以一张可视化的图表将复杂的法律事项表达出来,无疑会获得领导的好评,从而创造了良好的客户体验。

在人才组织上,未来法务人要学会共享知识与经验,通过联盟的方式,降低法务成本。目前,大部分同行法务可能都在从事类似的工作。有些事务,对于某些法务来说,可能轻车熟路,不费吹灰之力;但对企业之外的另一些法务,却得重新开始学习、体会,最后效果可能也不大理想。有些企业好的合同文本,被视为企业的专有技术,可事实上这些文本并不能实际创造商业价值或成为阻挡对手的工具,要能拿出来作为范本分享,甚至被同行予以进一步优化,那么涉及相关行业的整个合同水平将得到提高,从而有益于全部的相关法务人员。如果未来在法务人之间可以建立开放的联盟自组织平台(对外则是封闭的),由法务人来主动分享专业知识、经验与文本,那么,企业内部的法律服务成本无疑会整体降下来。事实上,类似的联盟平台已出现在其他专业知识工作者群体中。可以看出来，这种能产生协同效应的联盟，是完全符合新的人才机制理念的。

在技术利用上，未来法务要密切关注新的信息技术。现在法务人员已离不开电脑、手机、电子邮件、社交网络、视频会议等，这些技术让法务人员随时在线、随时沟通。在智能化理念的推动下，新的技术运用层出不穷。如智能法律检索技术，对于处理堆积如山的文件，其效率之高、速度之快，令人咋舌。又如文件自动组装技术，能在几分钟之内将一份事先设计好的交易文件在线生成，使得完全不懂法律的外行能快速拿到一份基本可用的法律文档。再如法律大数据技术，通过分析数万份类似的裁决文本，可以预测案件结果；通过收集海量商业合同，可以了解某一行业可能面临的最大法律风险。因此，理查德·萨斯坎德预言，大数据对法律意义影响深远。更重要的是，法律大数据的颠覆性在于重要的法律见解，在将来可能不是来自于法律人士，而是来自于大数据分析师。还有其他很多新的技术，法务人通过这些新技术，将从标准化、流程化的工作解放出来，从而能将精力放到那些更加复杂的、核心的需要综合运用法务经验的事务当中。

4. 未来已来

近日，美国最大的全球律师事务所之一 Baker & Hostetler 宣布他们聘请了一名叫 Ross 的机器人社会律师。当其他社会律师们像和人交流一样，用自然语言向 Ross 询问问题时，Ross 可以读取法律、收集证据，在得出推论之后，提供一个以其收集的证据为基础的答案。

可以设想的是，如果 Ross 走进法务部，那么它完全可以接管法务部那些可标准化的重复性工作,从而大大提高法务人员的工作效率,并可能导致一些法务人员失业。这样的时代,其实已来临。关键是,法务人对此有足够的认识吗?不远的将来,当机器人做着和法务人一样的工作时,法务人该何去何从?

事情真的会变得这么严重吗?其实不然。正如一句谚语所说:上帝关上一扇门,就会打开另一扇门。法律服务市场将出现新的服务提供商、新的工作模式。理查德·萨斯坎德在其书中为我们列出了诸如法律知识工程师、法律技术专家、法律项目管理师、在线纠纷解决师、法律风险管理师等8种法律人的新工作,这极大地鼓舞了年轻的法律人士。

对于法务人来说,已不能再依靠处理程序性、重复性的法律事务谋生,裹足于简单、标准的法律事务,最终只会让法务人员失业,因为这些工作终将被机器代替。同时,法务人也要学会与社会律师竞争和合作,双方对企业法律事务进行合理的分工。分工的原则便是围绕企业的具体需求,以最低成本完成本企业的法律任务。法务总监必须不断地审视本部门的成本预算,评估法律事项的收益,力争达到最优的资源利用状态。

更重要的是,法务人必须成为增强型的企业实务专家。未来的法务人,不仅是法律专家,更多的是企业法律问题解决专家、企业管理执行者推动。未来的法务必须具备跨学科、复合型的知识,能将最新的信息技术和工具运用于法务部,或自身即成为新技术专家,为企业主动搭建法律技术应用场景。

预测未来是一件非常困难的事,但又是一件令人着迷的事。对法务人未来工作方式和工作内容进行预测,虽然有点冒险,也可能存在错误,但对于验证目前的法务人员是否在朝着正确方向发展,是相当有益的。

五、法务工作成功的实践经验

我们以华为的法务工作经验为例，介绍法务工作的成功实践经验。

无论从哪个维度衡量，华为对法务部门的重视程度，以及法务部门在华为所产生的实际价值，在国内企业中都是非常罕见的，也许是独一无二的。华为的法务部门曾经起到让华为起死回生的作用，后来则一直掌控着华为的生死命门——专利布局。

华为的法务团队目前已扩展至700多人的规模，其中不乏精英人士。企业是经营出来的，不是管理出来的，因此，企业对法务的需求，一般是随着业务的发展而逐步增长。

很多人，包括很多法务人根本不知道什么是合规管理，以为合规管理与法务管理是两项差不多的工作。有三类企业，如果对合规管理是这种认识，迟早要惹大麻烦，这三类企业是有大量境外（特别是欧美）业务的企业、金融企业、上市公司（特别是有一定知名度的）。

合规管理与法务管理虽然都叫"管理"，但合规是货真价实的纯管理，几乎不存在服务和支持职责，而法务则既是管理，又是服务和支持。对一项业务的法律风险控制，法务要基于服务和支持的理念进行管理，因此，当法务认为这项业务的法律风险控制已达到合格标准但又不尽如人意时，很有可能一方面会表示"同意"开展这项业务，另一方面又提出一大堆有助于使法律风险控制达到优良标准的建议。很多人会因此指责法务："你到底是同意还是不同意啊？"也有人会要求（有时是要挟）法务："你把建议收回去吧。这些都没啥大不了的，业务开展起来要紧啊，不要因为这些鸡毛蒜皮的事情妨碍了业务啊！"这些指责和要求到底有没有道理呢？这个问题先放一放，我们接着聊合规在这个时候要做什么。

合规首先要判断业务的法律风险控制是否已达到合格标准，如果认为不合格，就必须明确表示"不同意"。在这点上，合规与法务的职责其实是完全重叠的。但如果认为合格，合规是不应去提完善性的建议的，表示"同意"就 OK 了。

合规管理与法务管理的另一个区别在于合规拥有检查、监督、处罚等权力，法务则没有。如果业务部门偷偷地去开展未经审批或审批不通过的业务，或者做业务的过程中以权谋私，合规是要抡起大棒打下去的，但法务没有这个权力。另外，回到刚才那个场景，对法务提出的完善性建议，如果业务部门因为私心、偷懒、严重判断失误等不可原谅的原因而不执行，也应当纳入合规检查、监督、处罚的范围，但业务部门有权自行基于合理的判断而善意决定不执行法务提出的完善性建议。

合规管理与法务管理的第三个区别是：合规管理的关注点不局限于法律，诸如内控制度、决策程序、业务流程等，都是合规管理的关注点。因此合规管理人员中具有法律背景的只需要一小部分，其他像具有业务背景的、IT 背景的、审计背景的，反正各种各样的最好都有一些，都用得上。

第三章
企业内的法律顾问向公司律师接轨的趋势

2015年1月10—11日,中国法务年会在北京举行。国务院国资委法规司副司长肖福泉出席并作主题演讲,指出我国的企业法律顾问制度大体经历了20世纪50年代的初创阶段、改革开放初期的恢复阶段、20世纪90年代初的发展阶段和20世纪90年代后的规范阶段四个阶段。企业法律顾问当前担任着或者是扮演着法治企业的建设者、法治经济的践行者和法治社会的推动者三个角色。

在发展阶段,司法部、人事部、原国家经贸委等部门共同推动和发展了我国的企业法律顾问制度。

2003年5月,国务院颁布《企业国有资产监督管理条例》,这实际上从国家竞争法规层面上再次明确了我们国家企业法律顾问的法律地位。为适应这一要求,2004年5月,国务院国资委专门制定颁布了可实施的国有法律体系,并就职业领域特别是行权的体制和机制作了规范。国务院国资委在中央企业和地方国有重点企业全面实施了企业总法律顾问制度,在这个过程中,涌现出了一批中央企业和地方国有企业的优秀总法律顾问。他们具有以下四个特征:层次高,他是公司的高管;能力强,不仅要精通法律,而且必须具备丰富的企业管理经验和高超的组织协调能力;权力大,企业总法律顾问对企业经营管理重要决策具有一票否决制；责任大，不仅对企业法律风险防范负有重大的责任，甚至于对企业的生存和发展也负有重大的责任。

国务院国资委按照"建立机制、发挥作用、完善提高"的思路，对中央企业和地方国有重点企业实施了"三个三年"目标。中央企业以总法律顾问为核心的企业法律顾问制度，大力推进了组织体系、业务领域、工作机制的深刻变革，实现了跨越式的发展。

第一，中央企业法律顾问制度的组织体系逐步健全。中央企业集团层面全部设立了专门的法律事务机构，其中超过90%以上的是由一级独立的职能部门。中央企业全系统已经拥有了超过2万名企业法律顾问，这些专业人士具有各类法律专业资格，比例已经超过了83%。

第二，中央企业法律顾问的业务领域不断突出。企业的风险防范、业务领域、价值创造、权益保护等方面，中央企业法律顾问发挥着日益重要的作用。目前中央企业只要是涉及规章制度、重要决策、经济合同制，法律必审；目前112个中央企业包括中小级部分，中央制度、重要决策等均超过了99%；中央企业的法律顾问在涉及企业的国际化经营、企业的投资、并购、改制、重组、知识产权等一系列领域中的作用日益彰显。

第三，中央企业法律顾问的工作机制日益健全。中央企业按照国有企业法律顾问管理办法的有关要求，特别是在企业法律顾问职业的一系列规章和规范性文件当中，通过明确职责清晰、程序严密、运转高效的法律工作体系的一系列制度体系建设，使法律审核成为企业经营发展，成为企业各个领域必须纳入的重要和不可缺少的结点。

十多年来，中央企业法律顾问制度建设取得的成就是中国企业法律顾问职业发展的一个缩影，下一步中国企业法律顾问将正式纳入国家职业大典的范畴。

将法律顾问纳入国家职业大典的范畴，不言而喻，就是企业内的法律顾问向公司律师的接轨。

实际上，企业法律顾问队伍的建设，始终伴随着社会律师队伍建设的步伐和影子。1979年，社会律师制度重新恢复。1980年，《中华人民共和国社会律师暂行条例》（以下简称《社会律师暂行条例》）颁布实施，社会律师这一行业从立法上得到国家的肯定。《社会律师暂行条例》实施后，社会律师队伍迅速壮大，社会律师的业务范围不断拓宽，但同时也产生了许多新的问题。为了适应社会律师制度发展的需要，加强对社会律师的管理，维护当事人的合法权益，司法部开始起草律师法。1997年，《中华人民共和国律师法》（以下简称《律师法》）正式实施。《律师法》共53条，对社会律师的执业条件、律师事务所、执业社会律师的业务和权利义务、社会律师协会、法律援助、法律责任等均作了规定。《律师法》的颁布是我国社会律师制度建设过程中的一个里程碑，为我国社会律师制度的发展翻开了新的一页，开始全面与国际接轨。随着我国社会主义市场经济体制的不断完善和经济的快速发展，社会律师队伍也随之迅速扩大，有必要根据社会律师服务对象的不同对社会律师的种类进行细分。

改革开放初期是企业法律顾问制度的恢复阶段。从1979年中国技术进出口公司设立法律处开始，一批大型国有企业相继设立法律处室。1982年颁布的《经济合同法》进一步促进了企业法律顾问制度的恢复，大多数企业聘请社会律师担任法社会律师顾问。

1993—2003年，"救火大队"阶段。按企业法律顾问从事的工作看，主要可分为"救火"、预防、管理、参谋和决策。在此阶段企业法律顾问主要在企业发生法律纠纷后，积极开展和参与诉讼、仲裁、调解等工作，重在解决纠纷、挽回或减少损失，扮演着"救火大队"的角色，更多的也是社会律师发挥了作用。

2003—2014年，"防火大队"阶段。2002年7月，国家经贸委等七部委联合印发了《关于在国家重点企业开展企业总法律顾问制度试点工作的指导意见》，明确了总法律顾问制度试点工作的基本思路和工作重点，即通过试点工作做到"三个到位"：企业总法律顾问岗位到位、法律顾问机构到位、总法律顾问职责到位；做好"两个健全"：企业依法决策、依法经营管理和依法维护合法权益的规章制度健全；实现"一个提高"：企业依法办事水平和国际竞争力得到进一步提高。在这一阶段，企业内部的法律顾问队伍快速发展了起来。

此后，法律顾问制度建设取得了跨越式的发展，加之国务院国资委连续实施法制工作"三个三年"目标，法律顾问制度建设和企业法治工作都取得了跨越式发展。截至2014年9月底，中央企业全系统建立总法律顾问制度的户数达到2584家，集团和重要子企业总法律顾问专职率接近80%。中央企业全系统法律顾问队伍超过2万人，其中持证上岗率达到83%。中央企业集团及重要子企业规章制度、经济合同、重要决策三项法律审核率分别达到99.98%、99.68%和99.6%。

与社会律师制度几乎同时，企业法律顾问制度也迅速发展起来，企业法律顾问队伍不断壮大。但是现行的企业法律顾问制度在管理与实践中存在一定问题，导致从业者不能满足市场的需求。第一，顶层设计不完善，企业法律顾问的权利义务等得不到法律层面的保护，国家相关政策落实存在困难。第二，由于社会认知不足，缺乏相应的激励保障机制，企业法律顾问不能像公司律师一样，相对自由顺畅地转换为社会律师，导致企业法律顾问从业人数不足。第三，相对于社会律师来说，企业法律顾问资格证书的含金量和认可度均较低，且缺乏社会律师享有的传统法律人的专业业务资源获取渠道。

党的十八届四中全会的召开将全面依法治国提升到了前所未有的高度，也为依法治企开辟了广阔的天地，很多人说法律人翘首企盼的春天终于到来了。其中企业法律顾问制度建设经历多年的发展也写下了浓墨重彩的一笔。我国企业法律顾问制度从无到有，从不完善到高度重视并逐渐强化建设，走过了不平凡的道路。未来法律顾问制度对标国际一流、进行工作转变将会是两大趋势，推动公司律师制度建设再深化是将来法律顾问制度发展的一个方向。

2014年中央企业法制工作会上提出今后五年（2015—2019年），中央企业法制工作的总体目标是：力争再通过五年努力，进一步深化企业法律风险防范机制、法律顾问制度和法律工作体系建设，进一步提升合规管理能力和依法治企能力，中央企业以总法律顾问为核心的法律顾问队伍全面实现专职化，法律人员配备比例接近国际同行业标准，全部中央企业法治工作达到国内领先水平，1/3以上企业力争进入世界先进行列，努力为中央企业改革发展、做强做优提供更加坚实的法律支撑和保障。

根据上述总体目标，下一阶段中央企业法制工作的重点任务是：继续推动企业法律风险防范机制建设、企业法律顾问制度建设、企业法律工作体系建设再深化，努力实现企业合规管理能力再提升，努力实现依法治企能力再提升。

据统计,目前欧美企业每十亿美元的营业收入对应的公司律师数为5~9人,公司律师总量约占员工总数的7‰以上,而目前一半以上的中央企业法律顾问占企业人员总数的比例不足1.5‰。法律人才队伍是推进法治工作、落实新五年规划最重要的组织基础,因此,在落实新五年规划时,要抓紧对标,认真研究国际同行业的法律人员配备情况,结合企业实际,重视加强这方面的工作。

公司律师在一定程度上弥补了企业法律顾问制度的不足。首先,公司律师是律师的一种,律师既有国家法律的认可,又有全国性行业协会的管理,从制度层面来说比较完善。公司律师虽然在劳动关系管理上隶属公司,但在法律业务管理上类似于律师事务所,可以直接接受司法行政机关和社会律师协会的管理和业务指导。其次,虽然社会律师的准入门槛较高,但是从业人数却与企业法律顾问相差不大,且对外交流渠道较多,获得与整个法律界沟通的平台相对宽广,更容易形成扎实的专业功底,更能够在法律专业与企业管理间进行合理平衡,更好地应对企业复杂的法律事务,因此更受社会,尤其是公司的认可和青睐。同时,公司律师可以无障碍地实现向社会律师身份的转换,享受更多的行业特权,如刑事调查取证权、阅卷权、会见权,在处理诉讼中独具优势,业务开展幅度更广。

我国正式加入WTO以后,企业不仅面临着更加激烈的国际竞争,而且其运行所涉及的法律事务也随之大量增加。但是随着社会律师制度和企业法律顾问制度的发展和各自缺陷的不断暴露,单纯依靠企业法律顾问和社会律师,已经不能满足新形势下公司对企业法律服务工作者的需求。设立公司律师制度,赋予企业内部具有社会律师资格、从事法律服务的人员公司律师身份,可以起到帮助企业预防交易风险、降低交易成本等作用。特别是在经济全球化的背景下,公司律师成为当今国际贸易谈判和国际经济纠纷处理中不可缺少的角色,其作用越来越突出。

中共中央办公厅、国务院办公厅印发了《关于推行法律顾问制度和公职律师公司律师制度的意见》(下文简称《意见》),为贯彻落实党的十八大和十八届三中、四中、五中全会精神,积极推行法律顾问制度和公职律师、公司律师制度,充分发挥法律顾问、公职律师、公司律师作用,提高依法执政、依法行政、依法经营、依法管理的能力水平,促进依法办事,为协调推进"四个全面"战略布局提供法治保障。

《意见》要求:从实际出发,在党政机关、人民团体、国有企事业单位分类推行法律顾问制度和公职律师、公司律师制度,明确政策导向和基本要求,鼓励各地区各部门各单位综合考虑机构、人员情况和工作需要,选择符合实际的组织形式、工作模式和管理方式,积极稳妥实施。

处理好法律顾问与公职律师、公司律师之间的衔接,畅通公职律师、公司律师与社会律师、法官、检察官之间的交流渠道。

到 2020 年全面形成与经济社会发展和法律服务需求相适应的中国特色法律顾问、公职律师、公司律师制度体系。

一、建立健全国有企业法律顾问、公司律师制度

在国有企业已担任法律顾问但未取得法律职业资格或者社会律师资格的人员,可以继续履行法律顾问职责。国家统一法律职业资格制度实施后,国有企业拟担任法律顾问的工作人员或者外聘的其他人员,应当具有法律职业资格或者社会律师资格,但其他国有企

业现任法律顾问的外聘人员除外。难以聘任到具有法律职业资格或者社会律师资格的法律顾问的少数偏远地方国有企业，可以沿用现行聘任法律顾问的做法。

国有企业可以根据企业规模和业务需要设立法律事务机构或者配备、聘请一定数量的法律顾问。国有大中型企业可以设立总法律顾问，发挥总法律顾问对经营管理活动的法律审核把关作用，推进企业依法经营、合规管理。

二、国有企业法律顾问的职责

国有企业法律顾问应履行以下职责：参与企业章程、董事会运行规则的制定，对企业重要经营决策、规章制度、合同进行法律审核，对企业改制重组、并购上市、产权转让、破产重整、和解及清算等重大事项提出法律意见，组织开展合规管理、风险管理、知识产权管理、外聘社会律师管理、法治宣传教育培训、法律咨询，组织处理诉讼、仲裁案件，所在企业规定的其他职责。

国有企业法律顾问对企业经营管理行为的合法合规性负有监督职责，对企业违法违规行为提出意见，督促整改。法律顾问明知企业存在违法违规行为，不警示、不制止的，承担相应责任。

公司律师履行国有企业法律顾问承担的职责，可以受所在单位委托，代表所在单位从事律师法律服务。公司律师在执业活动中享有《律师法》等规定的会见、阅卷、调查取证和发问、质证、辩论等方面的社会律师执业权利，以及《律师法》规定的其他权利。

公司律师不得从事有偿法律服务，不得在律师事务所等法律服务机构兼职，不得以社会律师身份办理所在单位以外的诉讼或者非诉讼法律事务。

三、国有企业发挥法律顾问、公司律师作用的要求

国有企业要按照以下要求发挥法律顾问、公司律师的作用：讨论、决定企业经营管理重大事项之前，应当听取法律顾问、公司律师的法律意见；起草企业章程、董事会运行规则等，应当请法律顾问、公司律师参加，或者听取其法律意见；依照有关规定应当听取法律顾问、公司律师的法律意见而未听取的事项，或者法律顾问、公司律师认为不合法、不合规的事项，不得提交讨论、作出决定。

对应当听取法律顾问、公司律师的法律意见而未听取，应当交由法律顾问、公司律师进行法律审核而未落实，应当采纳法律顾问、公司律师的法律意见而未采纳，造成重大损失或者严重不良影响的，依法依规追究国有企业主要负责人、负有责任的其他领导人员和相关责任人员的责任。

2017年9月27日，中共中央办公厅召开会议，宣布正式建立法律顾问和公职律师制度。中共中央办公厅有关负责同志为首批法律顾问和公职律师颁发聘书和证书。

会议指出，中共中央办公厅机关设立法律顾问和公职律师是贯彻落实以习近平同志为核心的党中央全面依法治国战略部署的重要举措，是提升中共中央办公厅"三服务"工作科学化、法治化水平的有效手段，是落实全面从严治厅、依规治厅要求的有力保障。要牢固树立"四个意识"，深刻认识设立法律顾问和公职律师的重要性，切实把思想和行动统一到党中央决策部署上来。

会议强调，要深入学习习近平总书记系列重要讲话精神特别是

关于法治建设的重要思想，认真贯彻中央办公厅、国务院办公厅印发的《关于推行法律顾问制度和公职律师公司律师制度的意见》，明确职责任务，完善管理办法和运行机制，创造良好条件，切实发挥法律顾问和公职律师在"三服务"事业中的重要作用。

接着，12月5日，国资委召开法律顾问聘任仪式暨专题座谈会，正式建立国资委法律顾问制度。国资委副主任、党委委员黄丹华出席会议并为法律顾问颁发聘书。国资委法律顾问、各厅局、直属单位、直管协会相关负责同志参加了座谈会。

黄丹华指出，党的十八届三中全会要求普遍建立法律顾问制度。党的十八届四中全会提出，建立政府法律顾问队伍，保证法律顾问在制定重大决策、推进依法行政中发挥积极作用。党的十九大明确了全面依法治国战略是习近平新时代中国特色社会主义思想的重要组成部分，提出坚持法治国家、法治政府、法治社会一体建设。要从贯彻落实全面依法治国战略部署、保障国资委依法行权履职、依法推动国有企业改革发展等方面充分认识建立法律顾问的重要意义，切实增强推进法律顾问制度建设的责任感使命感。

第四章
法务价值的提升

从企业决策者和业务经营者的角度重新审视,法务对于企业和业务的价值究竟在何处。

目前,"领导不重视"这句话充分体现了法务作为一个职能部门在企业中的实际状况,也反映出法务人希望提高领导重视程度的迫切要求。但要使这种状况发生改变,必须认识法务所面临的问题,主要表现在以下十大方面。

一、法务工作无法进入管理层的常规视野

传统企业法律工作的一个基本特点是事务性的、操作性的工作多,缺少综合决策需求,需要公司领导层来决策的事项总体上比较少。这就无法让公司领导层对法律部门有一个全面的认识,体现不出法务部具体为企业做了什么贡献。

二、法律事务很难融入日常的生产经营活动

俗话说,"法务业务两张皮",很多情况下,法务部只能做一些争议解决方面的事后救济工作,很难参与到业务工作当中。一个

典型的例子是企业招投标工作，现在大多数中央企业的招投标活动，法律部门基本上都需要参加，但是企业法律顾问去了之后经常不能恰当地表达好专业意见，因为一线采购人员对于招投标的过程与主要法律问题非常熟悉，不需要法律顾问做常识性的普法建议，从而给法律顾问带来很大压力。

三、法律风险防范和业务发展的对立与冲突

法律风险防范和业务发展在职能上有所差别，业务部门要往前冲，法务部门则要看紧风险的底线。但是即便如此，法务和业务这两个职能部门还是要找到平衡点，就像汽车的油门与刹车一样，应该在一个企业内部系统性地解决好法务与业务的关系，法务一定不能只做业务和企业发展的旁观者。

四、法律工作总体上体现被动工作的特点

传统的法律专业事务工作，由于单纯地从法律专业的角度去考虑和解决问题，只能等业务或管理有了具体问题，需要法律解决的时候，才会交给法律顾问处理，所以确实有被动的特色。但是，如果一个职能部门的工作完全被动地由外界来引导和决定，那么这个部门是很难得到企业长期的资源支持的。主动地工作，是法务部门需要考虑的重要问题。

五、企业法律顾问缺乏应有的权威性

虽然现在很多企业都要求合同必须有法律部门签字审核后才能办理生效手续，企业领导对于法律部坚决反对的合同一般也会掂量再三，但这并不说明法务在企业内部已具有很高的权威性。把法务

定位成一个服务部门,这种观念并不全面。法律的特性决定了法务工作内在的刚性,在提供法律服务之外,法务部门的管理职能也不应当被忽视。没有管理定位的服务,不可能有权威。

六、法务参与的公司事务多,负责的公司事务少

很多法务的年终总结都能写出厚厚一本,公司里大到重要投资小到营销活动,都离不开法务的参与;但是企业领导在最终的全年总结中,却很少提到法务。从中可以发现,目前的法律事务工作结构中,法律部门主导的工作太少,其他部门无法取代的、必须由法律部门来管理、决策的"一亩三分地"太少。

七、企业法律顾问缺乏整体性思维

有的法务人员可以熟练地审阅合同,一年下来审阅了成百上千的合同,却看不出来合同审查问题背后存在的规律性的东西,不能从整体上分析相应的管理问题和业务问题。这与法律人本身的思维习惯有关,擅长个案分析、个案处理,缺乏统计分析的基本训练,只见树木不见森林。只有通过大量的统计分析与系统总结,法律工作才可以变成主动的、整体性的工作,法务人员才可能对企业的经营决策有更大的贡献。

八、企业法律工作缺乏规范的程序和技术方法

就管理学而言,目前学界和实务界都总结出了很多行之有效的管理模式,但法务领域却鲜有成熟模型。即使在合同管理、案件管理这些法务的看家本领方面,相应的经验总结和程序规范都仍亟待

建立。比如企业法律工作中最基本的法律意见书,目前各家企业写法随意性很大,在结构、内容、体例等方面都没有统一的要求。

九、企业法律工作严重依赖法律顾问的个人素质

由于企业法律工作程序和技术的不完善,法律工作缺乏共享和传承的机制,企业法律工作的质量依赖个人的经验和素质,最终导致法律工作质量缺乏制度性的保证。

十、公司法律工作的独立存在的价值基础遭到质疑

党的十八届四中全会将"全面依法治国"提升到全新高度,并提出180多项重要改革举措,"依法治国"一直是各界关注的重中之重。在推进全面依法治国的元年,人们期待"依法治国"这四个字可以是每个公民都看得见摸得着的具体举措,可以说是每个中国人都能感受得到的公平与正义。

国家要长治久安,必须依法治国,而且要长期、一贯、一致。企业是国家的一分子、社会的重要组成部分,必须依照国家的法律治理企业,这既是企业基业长青的需要,更是企业社会责任的体现。尤其在经济新常态的背景下,企业不仅要遵守国家法律,更要严格遵循自身制定的企业制度,这才是依法治企的根本体现。

依法治企是依法治国的必然内容。依法治国是国家的上层建筑,是治国方略,而依法治企则是依法治国在经济领域的贯彻执行和具体体现。在实际工作中,公司法律工作的独立存在的价值基础遭到质疑,这就需要企业领导人正确认识公司法律工作的重要性。落实到具体层面,则是将公司制度上升到企业治理的高度上来,对企业

而言,制度即法,制度大于一切,尤其是作为企业领导人,必须转变认识、厘清思路,及时从"人治"转入"法治"。

第五章
总法律顾问进入治理核心层

《法人》杂志编辑采访弗雷德

问：美国的公司是怎么具体定位法务人员的呢？

弗雷德：一家典型的美国公司一般都会规定：法务是公司经营业务的法律顾问；是公司的规章、制度、政策、策略的制定者和审查者；是公司规章制度和遵守法律的监督者；是法律、争议纠纷的解决者；是涉法行为或业务的审查者；是各部门经营管理的协调者；是新法律法规的信息提供者；同时，也是公司形象的保护者。

问：美国企业法律顾问一般来源于社会职业律师还是法学院毕业生呢？哪一个方面比较多？

弗雷德：美国企业对法律顾问的要求很高。即使取得了JD学位（法律博士学位）和社会律师资格，也不能直接进入企业担任企业法律顾问，还必须在政府部门、律师事务所或其他机构工作若干年后，其中的佼佼者才有可能被聘用为企业法律顾问，并且如果其不能达到公司的要求，随时会被解雇。

问：首席法务官应该具备什么样的素质？

弗雷德：根据我们最新的调研报告，企业的首席法务官应该具备法律职业从业资格、经营管理能力、与企业业务相关的行业背景或知识、法律职业道德以及良好的团队协作能力和组织能力。这也就是为什么首席法务官在所有CXO职业群体中存在的理由。近年来的统计数据表明，总法律顾问正日益变为公司或企业的首席合规官、首席负责官、首席权力官和首席风险官。

问：如果让你对中国的法律顾问们说些话，你会对他们说什么呢？

弗雷德：在经济一体化、政治全球化和法律专业化的今天，国际法律职业共同体没有中国同行的加入那将不能称之为国际法律职业共同体，中国的法律顾问同行也必须积极走出去、加强和国际同行的沟通和交流才能更好地保护企业雇主的合法权益并控制企业经营风险。在未来知识经济大背景下，知识的交流将能够创造出更多的财富。中国人民是非常有智慧的，我希望中国的律师界朋友能够在国际法律职业共同体中发挥越来越重要的作用，并祝福你们的明天好运！

美国经济学家克鲁格曼在《萧条经济学的回归》中说：目前经济制度最难解决的就是道德风险问题。一个合格的总法律顾问（CLO）必须在职业道德上自我约束，在业务上自我提高。CLO不仅应掌握法律专业技能，懂得会计、财务、金融、税务、计算机及网络知识，而且要拥有较强的逻辑能力、沟通能力和能够迅速作出决策的能力，并有执着的专业精神、良好表达能力及防范风险意识，最重要的是他应该是一个好人。因此,建立 CLO 职业资格准入及认证制度就显得尤为迫切。通过对 CLO 资格的认定,不仅能提高 CLO 水准和企业管理水平,规范 CLO 制度的建设,而且还能促使企业设立 CLO 岗位。

欧洲企业法律顾问大多受过良好的法律高等教育,有的精通数门外语。很多公司物色的企业法律顾问人选,必须是取得博士学位或 1~2 个硕士学位,其素质要求相当高。如在法国,经过大学 4~5 年法律专业学习后通过第一次全国统考,要淘汰 35% 左右的人;考试合格者,一般要到地方或部门实习 2 年半,再参加第二次全国统考,第二次考试合格后才能自由选择律师、法官、检察官等职业。而企业法律顾问虽然没有这方面的硬性要求,但往往是在具备上述资格后,在企业独立负责某一领域法务工作之前,还要再经过 1 年时间的跟班学习和岗位培训。有时法国政府还会选派一些具有法官资格的人员直接到国有企业担任法律顾问。

世界上最早产生律师制度的国家是英国,目前公司律师总数约占全英执业社会律师总数的 3.5%;目前美国的律师人数是 100 万,占全球律师人数的 65%,可谓律师人数最多的国家,其中公司律师人数为 20 万人,约占全美律师总数的 20%;而我国目前社会律师总人数在 14 万人左右,按照 2005 年的数据统计,公司律师人数为 700 人,分布在全国 150 家企业,占到社会律师总数的 0.5%;我国取得企业法律顾问职业资格的人数也大约 10 万人左右,如果把两者数字算在一起的话,我国首席法务官群体人数占到总数字的 42%。单从数字看,我国企业法律顾问人员在整体的绝对比率上稳居世界第一,高达 42%;也就是说,如果把法律资格证书和企业法律顾问职业资格证书作为具备首席法务官执业的前提条件的话,具备首席法务官任职资格的人数占全部法律执业群体总人数的比例已经接近了一半。从中国首席法务官行业大事记中可以看到，在政府的大力倡导下，在中国经济及企业界全面的和全球经济及企业界接轨的大背景下，首席法务官群体已经崛起，正成长为法律职业共同体中极为重要的一员。

首席法务官，必将因其提供给雇主企业的独有的价值而取得长足的发展；略显稚嫩的中国首席法务官群体也必将成为国际法律职业共同体不可或缺的重要成员。

一、总法律顾问的角色定位

总法律顾问为什么存在？其存在的逻辑何在？价值何在？问总法律顾问为什么存在，犹如问首席执行官 CEO 为什么存在、财务总监 CFO 为什么存在等类似问题一样，是个让人一时不知如何回答的问题。

但一个工作岗位，必须说清楚自己的价值，否则就无法判断取得有效工作成果的标准。这是一个总法律顾问必须经常自我反思的问题，它实质上说的是总法律顾问的工作角色定位问题。

定位的概念，起源于营销学。它是指处于竞争环境下的个人或组织，挖掘自身资源优势，并将其与市场某种需求结合起来，从而达到扩大知名度、提高产品或服务效益目的的过程。

工作角色的定位，是某个工作岗位主体在某种系统环境下，基于在组织中的职责和职权，所刻意追求的某种相对不可替代的效果的过程。"总法律顾问"这个角色，既是总法律顾问履行职责与职权的展现，也是总法律顾问所追求的外部形象。追问总法律顾问的角色定位，可从总法律顾问面临的系统环境、角色分工、角色定位等几个方面展开。

1. 总法律顾问面临的系统环境

总法律顾问总是身处在一定的系统环境下进行工作的，总法律顾问是否能认识到在什么样的系统环境下工作，是总法律顾问思考角色定位的前提。

总法律顾问面临的系统环境，可从宏、中、微观三个层次进行观察。

从宏观上看，总法律顾问面临的工作环境，是总法律顾问所在企业所面临的经济大环境，这与经济发展、法治进程密切相关。现代企业普遍要应对以下几大主题：如何持续应对无处不在的风险、如何保证合规运作以适应越来越严格的法律制度、如何快速变革以应对战略发展的需要、如何保持发展以在市场竞争中仍能占有一席之地等等。

风险、合规、变革与发展，是企业面临的主题，也是企业总法律顾问工作面临的宏观环境。总法律顾问一方面要深刻认识到企业可能遭遇的风险，另一方面也要认识到企业必须不断变更、发展。

从中观上看，总法律顾问面临的工作环境，是企业内部各部门与法务部的互动关系。企业中，从管理层到基层员工，都会与法务部发生业务关联。他们如何看待法务部？这既是法务部门，尤其是总法律顾问是否能顺利工作的前提，也是法务部门工作所产生的成果。总法律顾问受中观环境直接影响，同时又会直接改变中观环境。

从微观上看，总法律顾问面临的工作环境，是法务团队自身的结构与配合问题。法务团队各成员，是否充分理解总法律顾问的工作理念，是否与总法律顾问站在同一立场上考虑法务问题，是总法律顾问所必须考虑的微观环境因素。

总法律顾问身处宏、中、微观系统环境中，其工作成果既是环境的产物，同时其成果也会影响环境。

实践中，很多总法律顾问往往认为法律工作只是在微观、中观环境下进行，其对于企业整体所处的宏观环境关注较少，这导致这类总法律顾问工作的局限性。即它仅仅是企业法律的专业信息提供者，而不是着眼于企业整体战略的实施、系统性风险的防范等角度。因此，扩大工作的系统边界，关注"身外系统"对工作的影响，是总法律顾问角色定位的重要前提。

2. 总法律顾问的角色分工

总法律顾问是企业法律服务需求的提供者。这一点上，总法律顾问与社会律师没有角色差异，都以满足企业法律服务需求为己任。如果外部社会律师能以更优的成本、更好的产出来满足企业的法律需求，总法律顾问和法务部就没有存在的必要。

但现实中，大量企业专门设置法务部，且法务部发挥的作用越来越大，表明法务的存在是有价值的。即便是在律师业极为发达的美国，企业内部法务仍有存在的必要。在市场经济发展的某些年代，美国的企业内部法律顾问甚至有超越律师的趋势（指在企业法律服务方面）。

法务作为企业的专业职能部门之一，其起源与发展，是法治环境下市场主体应对市场竞争、市场秩序的必然结果。法务有其存在的客观需求，但外部社会律师同样有其存在的需求。由外部社会律师进一步为企业提供法律服务，可以看作是企业法律工作的外包。

某项知识资源，是由企业自身提供，还是由外部市场提供，取决于企业对该资源成果的成本与收益的比较。如果由法务来提供某项法律服务，其成本与收益之差即效益，比由社会律师来提供同等质量的法律服务的效益要高，则该法律事项，当然是由法务来完成为佳。

那么，如何判断某项法律事务交给法务来完成是"最优的"？这就是总法律顾问必须思考的问题，它也是总法律顾问与外部社会律师角色分工的关键。

关注成本与效益，永远应作为内部法律服务提供者应当重视的第一要务。成本与效益，也是总法律顾问作为管理层成员应当持有的观念。因为管理层的首要职能，即是提高企业经济绩效。法务工作虽然不能直接创造经济利润，但肯定是为创造经济利润服务的，协助提高经济绩效、创造经济价值应当成为总法律顾问工作定位的根本。

在这一点上，社会律师的工作则做不到。社会律师工作方式的着眼点，主要是作为约定的受托人，完成委托人所委托的法律事项。社会律师对企业商业运作的过程与结果，往往缺乏足够的了解和关注。

社会律师与企业的关系，只是受委托与委托的关系。但法务却是企业的一名成员，企业荣则法务荣，企业损则法务损。因此，法务与外部社会律师之间不同的角色分工，是总法律顾问角色定位的基础。总法律顾问应当在最优的环节上集中精力工作，以体现法务的独特价值。这引导着总法律顾问的工作理念。

3. 总法律顾问的角色定位

总法律顾问面临的系统环境要求总法律顾问关注企业所处环

境，不断扩大总法律顾问的系统视野；总法律顾问的角色分工要求总法律顾问关注企业自身，深入企业业务交易过程。另外，法务工作永远是个团队的工作，总法律顾问一人是完成不了所有工作的。基于前述环境、业务、团队等要求，总法律顾问可从关注企业和关注员工两个方面进行角色定位。

第一，风险防范者。如前述，风险是当今企业面临的主题之一。风险的来源，有很大一部分是企业未及时应对社会环境变化导致的法律、政策变化而产生的。当然，也有可能是出于成本考虑而采取的规避措施所引发的。

总法律顾问和法务人员，相对于企业其他专业人员来说，是与国家颁布的法律、规章及政策变化距离最近的职业人士。适应法律、政策变化，调整企业行为使之合法、合规，是总法律顾问和法务人员的当然职责。风险防范，可能是在企业其他部门，如审计部门、监察部门、财务部门的主导下进行的。但是，任何风险，如果放任不管或未及时察觉，最后都可能演化成法律风险。因此，无论如何，风险防范是总法律顾问的角色定位之一，是毫无疑问的。

并且，总法律顾问不仅应当是企业法律风险防范者，还应当是企业整体风险防范者。风险防范，意味着企业或企业的某个部门或个人，其行为会受到种种限制，这些限制往往是由法务部提出来的。因此，总法律顾问作为风险防范者，又被形象地称为"踩刹车"。

第二，交易辅助者。企业的任何经济活动，最终都可以看成是一次又一次地与外界进行的商业交易。企业就是凭借一次次的交易，将企业的生产要素，如资本、厂房、土地、人力资源等结合起来，产出产品或服务，并将其销售出去，获取收入，以维持其前期运转成本，并尽力获取剩余利润。

这些一次次的商业交易，由企业的各个业务部门牵头，专业职能部门予以配合。如投资活动，一般是由投资部门主导，法务、财务、技术部门参与。如采购活动，视采购标的不同而参与部门不同：工程采购即工程发包，一般由工程部组织，各职能部门参与；设计服务采购，由设计部门组织，法务、财务等部门参与；物料采购，是由生产部门组织，法务、财务等部门参与。

再如研发，可能会涉及合作开发、技术转让、专利申请等事项，由研发部门组织，其他各职能部门参与。这些交易的最终成果，必须固定下来，且必须受到法律保护。固定的过程体现为交易前的尽职调查，过程中的合同起草、修改、谈判，最后的合同签订、履行等。

这些都是交易的成果。为确保交易在法律规定的框架下进行，总法律顾问的法律意见和建议必不可少。为促使交易成果能尽量地有利于本企业方，总法律顾问精心设计交易结构、与交易对手探讨更好的交易办法，是总法律顾问辅助商业交易的表现。总法律顾问作为交易辅助者，又被形象地称为"加油门"。

第三，战略建议者。企业战略是由管理层来制订的，但战略的实施，却是靠企业的全部人员来共同完成的。每个部门，包括职能性质的部门、事业部性质的部门，都是企业战略分解后的实施部门。企业的战略优势，取决于其核心竞争力，而现代企业的核心竞争力，越来越体现在软实力上，体现在知识资源上。当今企业面临的环境越来越复杂、不确定性日益增加，法务部基于其处理风险、应对不确定性的工作优势，越来越成为企业软实力的重要表现。因此，总法律顾问从企业核心竞争力的高度，将自身角色定位为企业战略的建议者，既是企业竞争的需要，也是总法律顾问工作的最大价值体现。

诺亚财富副总裁兼CLO郭建军撰文谈总法律顾问的角色和地位，具有前瞻性：

> 越来越多的公司首席法务官（CLO）从最后端站到了企业竞争的最前线，这既是日常战斗的需要，也是CLO在价值定位上的又一次转型升级。确定无疑，战线拉得这么长，这对CLO的能力来说又将是个极大的挑战。在市场、法治和民主决策等思想日益深入人心的市场经济中，CLO在公司治理中已经不仅仅充当传统应急的角色，而是承担起责任更大的守夜人一职。在企业与社会的相互作用中，CLO的这一角色定位将对企业整体的发展带来愈加深刻的影响。

二、见或不见，环境已经悄然发生变化

企业经营的外部发展环境正在悄然发生着巨大的变化。在知识经济时代，知识化改变了衡量企业财富的标准和竞争规则。移动互联网的发展改变了传统的时空观念，创造了一个不受地理边界限制与束缚的全球工作环境；而全球化已彻底改变了竞争的边界，使企业面临前所未有的挑战。春江水暖鸭先知，国际竞争的深化必然推动企业在全球内配置资源。其中，在市场中历练出来的跨国企业依赖其超常的敏感和嗅觉，首先察觉到这种生存环境的改变并开始在公司治理上进行新的谋势布局。

中国公司在与西方公司谈判时，西方公司CEO往往带的"哼哈二将"就是CFO（首席财务官）和CLO。面对这样的国际商业规则，中国公司也不得不作这样的调整，请CLO一起去谈生意。在

这种情况下，CLO 开始从幕后走向台前，在新闻发布会、在政府听证、在重大事故的现场、在庭前诉后，不断浮现出跨国大公司 CLO 理性和执着的身影。说实话，CLO 在历史上从未受到过如此的重视。而在近十几年，越来越多的大型企业开始设置 CLO 的岗位，这既是市场竞争的需要，更是企业发展的需要。对于这个时代突然而来的致敬，显然很多公司法律部还没有做好准备，很多 CLO 也并不愿意接受这种改变并表现得有些慌张，但他们不得不习惯于这种变化并开始匆忙上阵了。

看看国外公司的治理路径，基本上经历了企业主的资本主义、专业经理人的资本主义、投资人的资本主义三个阶段。在经营权和所有权分离后，所谓的专业经理人资本主义进入投资人的资本主义阶段，企业已经由"人治"进入"法治"时代。这时候企业经营者必须得到正确、完整的咨询，最重要的就是财务以及法律的专业咨询。任何了解现代市场经济的人都不会忽视公司法律部在现代企业中所起的关键作用，法务从以前的可有可无变成了一种硬需求。

对于企业高层来说，需要多理解这种巨变对公司法律部的影响，尽量多给他们些时间来理解外界并作内部调整。传统的公司法律部往往很少抛头露面，更多的是在背后做大量专业却又乏味的日常工作，合同和打官司几乎占了工作的全部。企业规模的扩大和竞争环境的复杂为传统法律部社会律师提供更加多样化的法律工作，为保证公司经营的方方面面都符合法律的要求，传统法律部的工作需要更加有大局观。现代公司的 CLO 们更多地把传统的合同和诉讼放到基础业务的位置，而将更多的精力投向有关公司战略与运营的风险控制和专业支持，成为公司业务链中不可逾越的环节。

而对于公司法律部来说，也必须重新认识公司律师的重要性和在企业的格局,并以更加积极的心态去拥抱法务时代的到来。以美国思科诉华为的世纪之战为例,该案不同于普通的法律官司,表面上是企业知识产权之争,实质上是美国跨国公司与中国新兴企业的市场份额和产业地位的较量。这个案子让中国公司开始注意到,在西方公司中,除了纵览全局的 CEO 和大管家 CFO,还需要熟悉规则的 CLO,他们对政策法律和国际规则的认识更加老道和让人放心,也更有利于公司战略的执行。

三、总法律顾问——企业的"守夜人"

1. 古老的守夜人

什么叫守夜人?一般认为,就是平常恪尽职守适时维持秩序,在有盗贼上门的时候,挺身而出保护民众的合法权益的人。但这一理解确实粗浅了些。根据维斯特洛的古老传说,守夜人是守护王国的勇士,有着极高的荣誉和声望,他们常常誓言如下:"长夜将至,开始守望,我将尽忠职守,守护王国的坚盾。我将生命与荣耀献给守夜人,今夜如此,夜夜皆然。"

而将守夜人这一概念上升至抽象层面始见于《国富论》,亚当·斯密在这本传世之作中提出了市场经济"政府守夜人"的概念。他在核心理论中提出,政府在市场经济中应该是"有限政府"。在自由、民主、法治体系的前提下,政府理应让市场充分释放能量,并且相信市场能够自行调整。政府作为守夜人,虽然不要过多干预自由市场的运行,但其责任重大:第一,它要保护社会,使其不受其他独立社会的侵犯,所以要设置国防和军队;第二,它要保护社会上的每个人,使不受其他人的侵害或压迫,所以要有法律和司法;第三,建设并维持某些公共事业及某些公共设施，富国裕民。

2. 企业的"守夜人"的职责

作为"守夜人"，需要有耐心、有能力在漫漫长夜中做好看护的工作。那么，作为企业的"守夜人"，我们一样可以推演出他的职能：一是保护企业安全，使其可以稳稳地向前进；二是监督企业合法合规，使其不被法律和政府惩戒；三是建立完备的治理体系，服务于企业的民主和科学决策，以保证企业的优良运营。

在企业的微观经济生态中，CLO 的作用亦是如此契合"守夜人"的职责：对于公司安全，CLO 作为总策划人往往从物理安全、信息安全、财务安全和法人安全等四方面展开工作布置，并着手建立企业整体的风控体系，以保证公司各个方面的安全；对于合法合规，CLO 建立了内外统一的合规监督体系，尽量保证企业由内而外做到合法合规，同时，又时刻保持对政策法规的敏感，能在第一时间让企业抓住政府的任何利好。因为，CLO 最清楚，法律制度绝非一劳永逸之事，它必须与新的经济现象同步发展；而对于公司治理，CLO 则可以去制造一种平衡，通过权力制衡的结构为企业作出更加接近合理的决策保驾护航。就这样，在平常，CLO 为企业的合规遵循和决策团队把控，做一个安静的"守夜人"；当危机和风险出现时，义不容辞地恪守风险控制使命，保护好企业的安全与利益。

3. CLO 作为"守夜人"的品格

然而，要想成为一个合格的"守夜人"也并非易事，这不仅要求 CLO 在履职过程中把握好火候，还要具备超出常人的胆识魄力：既能在黑夜中忍受孤寂与恐惧，又能在企业遇到危机时挺身而出。

那么,如何才能成为企业合格的"守夜人",让企业的决策者与经营者承认我们守夜人的角色与作用呢?

CLO 想成为内部人认可的"守夜人"需要正直的品格,在企业重大决策过程中,CLO 更应该对管理层和董事会以诚相待,对发现的问题与风险直言不讳。同时,CLO 做好"守夜人"要建立理性思维与理性判断,不管如何努力,我们所得到的信息永远是不对称的,我们对市场与未来的判断永远是不确定的,决策始终与风险并存。CLO 应该保持相对独立,独立的职业操守是公司治理中难得的素质,更是现代市场秩序不断扩展的根本动力。在企业面对重大风险、重大利益等关键时刻,CLO 必须独立发表职业意见,并在企业的决策运营实践过程中主动建立 CLO 履职的独立环境与文化。

仅仅拥有这些品格还不够,我们知道,很多西方大公司的 CLO 都是从不同行业中聘来的。而相比之下,在空降至某企业的 CEO 和 COO(首席运营官)中,仅有很少一部分来自不同领域,这也从侧面体现了 CLO 在不同行业适应环境的强大专业品行。低调、保守、慎言就成了 CLO 和其他企业高管区分开来的最明显的标签,但要成为一个优秀的 CLO,更需要有独立的判断和超强的商业意识,还有对业务的透彻了解以及战略性的眼光,这些专业的品行更有助于 CLO 胜任"守夜人"职责。

四、总法律顾问的素质要求

总法律顾问的重要性不言而喻,同时与之相适应,对总法律顾问的素质也提出了更高的要求。

总法律顾问是法务部门首席专家,通常来讲居于这一岗位的人直接对企业经营者负责，协调处理各个部门的法律事务，直接参与企业的重大经营决策，是许多法律工作者，尤其是法务的终极职业发展目标之一。总法律顾问的职业成长之路不仅要求要具备相当的法律知识，更是在很多其他非法律领域有着极高的要求。

1. 具备超凡远见

总法律顾问作为企业的重要领导者之一，必须具备超凡的远见及战略头脑。相比于普通法务时常忙于完成现有任务或寻找某一具体法律问题的答案，一名成功的总法律顾问往往更需要见微知著、以小见大的能力。总法律顾问不仅要在问题发生后及时妥善处理，更要预测未来的变化，防患于未然，选择最完美的时间点作出决策，消除或减轻企业潜在的风险，实现企业的效益最大化。

2. 推进业务发展

一名合格的总法律顾问需要对公司的各项具体业务如数家珍，在为企业的法律审核把好关的同时，更重要的是要通过法律服务对企业的业务发展产生积极推动和促进作用。熟悉公司业务会使总法律顾问更好地在其他部门树立权威赢得尊重，在为其他部门规避风险的同时，避免不必要的误解与冲突，使总法律顾问的法律意见成为业务发展的助力而非阻力。

3. 特定行业知识

成为总法律顾问很多时候需要有特定的行业专长，例如一些企业会需要拥有在金融、科技等特定领域的知识与经验的人员。这不仅对总法律顾问个人提出了更高的要求，也使其工作更加专业，难以被他人所替代。要成为一名合格的总法律顾问，需要拥有自己的专长并认识到其所在之处，如果可以结合个人的兴趣与背景，选定某一特定行业领域深入学习与发展。

4. 通晓财务知识

许多法律问题都和财务息息相关，这就使得财务敏感度对于总法律顾问而言非常重要。掌握相当的财务知识，可以帮助总法律顾问更好地分析并传达在法律专业层面给予的专业建议。同时，财务知识还有利于总法律顾问优化与业务等部门的沟通，寻找症结所在，更准确地做出判断，进而规避风险，为企业提供更为专业的解决方案。

5. 跨领域的知识

法律问题往往会横跨各个学科领域而非孤立存在，这就对总法律顾问知识面的广度提出了很高要求，需要其广泛涉猎了解各个行业及领域。企业内每一部门出现法律问题或疑惑后，第一时间就会想到法务部门，非法律专业人士往往很难想象到法律系统令人讶异的庞杂。虽然每位法律人都有着自己所专攻的领域，但作为公司的总法律顾问，当有擅长领域之外的法律问题需要作出回应时，给出正确及时的法律建议同样也是十分必要的。

6. 防范预测风险

企业聘请总法律顾问除了为企业解决已经发生的法律问题外，更为重要的是希望其能帮助企业进行风险管理与防范。总法律顾问需要帮助企业建立起完善的风险控制体系，预测每一重大决策可能带来的法律问题，规避企业经营中面临的潜在风险，运用法律维护企业利益。

7. 关注政策动态

优秀的总法律顾问需要对政策的变化始终保持极高的敏锐性，密切关注时事、网络、报刊等信息渠道，把握政治及行业动向。政府政策的激励或限制倾向对企业的发展有着至关重要的引导作用。总法律顾问需要在第一时间了解政策引导及行业动向，科学制订法务部门的长远工作计划，协助企业迅速作出战略调整，规避法律及政策变化可能会带来的潜在商业风险。

8. 识别和培养人才

当人力部门完成了法务部门的招聘任务后，总法律顾问应该马上开始思考如何识别可塑之才、如何使人才得到发展，以及如何培养人才对企业的忠诚度。总法律顾问应当和人力部门密切合作与沟通，使他们更了解法务部门需要具备哪些专长和特质的员工。注重人才的培养和发展，团队中的关键岗位员工才有长期供职于此的更大可能。提供完备的培训与发展机会，创造开放的团队环境，合理分配工作，会使更多的人才乐于加入你的团队。

9. 善于激励他人

若总法律顾问仅仅通过传达指令领导团队，或是通过施压迫使团队完成任务与目标，那么这离成为一名成功的总法律顾问还相距甚远。总法律顾问必须有效地将外部资源及内部团队组织起来，并懂得如何去激励他们，使团队成员充分地发挥主观能动性，发自内心地行动起来，团结一致地完成部门的目标。总法律顾问需要为部门职员创造发挥能力的条件，尊重他们的意见，清晰传达决策背后的考量，使个人与部门追求相融合，从而激发部门职员的工作热情。

10. 妥善处理人际关系

如何妥善处理与董事会成员、业务部门、外聘社会律师甚至自己的法务团队等的多方关系，是总法律顾问的一项重要必修技能。这其中当然也有一些小技巧，例如要乐于倾听与沟通，提升自己的谈判技能等。如果总法律顾问能妥善处理人际关系，更早地和其他部门建立紧密的联系，就能在业务部门工作的早期提供建议与帮助，提供合理的方案使其在完成商业目标的同时避免合规性担忧。长此以往，整个公司的法务运营必将愈发顺畅。

11. 管理外部资源

除了企业内部管理之外，总法律顾问还要管理好外部资源。应当聘请什么样的外部顾问，如何评估他们的工作，这些问题对企业发展而言都是极其重要的。总法律顾问应当维护并管理好外部资源，在公司面临诉讼等情况急需调用外部资源时，可以及时恰当地选择最适合的律师事务所及社会律师，这就要求总法律顾问必须事前经过充分地了解与调研，提前准备好自己的智囊团队。

12. 敏锐的判断力

不可否认，成为一名总法律顾问还需要在努力中加上一点天赋，敏锐的判断力就是其必备的重要特质之一。敏锐的判断力的确有一些是源自先天，然而更重要的是在后天的实践中不断自我提升，在工作中不断总结成功的经验与失败的教训就是一个极佳的方法。对于法务部门乃至整个公司的每一决定、每一部署作出正确的评估及预测，根据其可能产生的变化及影响权衡利弊是总法律顾问的重要职责。

13. 卓越的领导力

领导不光是一门科学，更是一种管理的艺术。领导力在一定程度上展现了总法律顾问的人格魅力，总法律顾问不仅为团队设立目标并带领团队将其实现，更在潜移默化中影响整个团队的行事方式，将分散的个人整合成一支精锐的法务队伍。即使纷繁复杂的法律事务已经牵绊住了大量精力，但一名成功总法律顾问绝不能忽略对自己领导力的培养，要更多地着眼于大局，设法带领团队高效达成预设目标。

14. 果敢的决断力

通过果敢的决断迅速作出法律判断，尽量促成公司商业交易，是总法律顾问必需的基本素质。对于总法律顾问来讲，与其将决断力视为一种能力，不如将其视为一整套系统科学的思维方法更为准确。一名优秀的总法律顾问在作出决断时绝不是依靠感觉，而是依靠日常不断的积累。准确透彻地把握市场动向、及时详尽地分析调研等因素与丰富的法律知识与经验相结合，才能作出正确果敢的决断。具备果敢的决断力，才能在关键时刻帮助企业更快更好地做出选择。

15. 良好的沟通力

总法律顾问必须具备一流的沟通技巧，很多时候法务部门会提出与业务部门甚至是企业经营者截然不同的意见，这就需要总法律顾问尽可能用简单易懂的方式向非专业人士表达复杂的法律观点。通过沟通向非法律部门清晰地解释所做出决断背后的原因，展现你对不同立场的理解，会有助于其他部门同样理解你所做出的决定，使法律工作更好地在企业内开展。

16. 坚守职业道德

法务部门作为掌握企业的诸多核心机密的关键部门，其成员需要具有极高的职业道德操守，这也是许多公司的总法律顾问更倾向于企业内部培养的原因之一。对于企业而言，比起专业的法律技能与丰富的实践经验，最为重要的是所选择的总法律顾问必须忠诚可靠值得信赖，以确保企业不会因机密泄露等原因平白蒙受损失。

17. 工作认真刻苦

尽管总法律顾问地位斐然，却还远不是放松之时，需要更多的努力才能取得卓越的成果。成为一名总法律顾问意味着你的行程将被排得更满，你要更加刻苦地工作，更加努力地学习，更努力地规划并执行你和整个部门的时间和进度。对于总法律顾问而言，长期在高压下工作并能在第一时间响应并处理法律事务是一项至关重要的品质。

18. 拓展国际视野

如今的市场越来越全球化与多样化，对不同文化之间差异的敏感度与适应度成为了许多企业成功的关键。总法律顾问需要以开放的心态引进不同类型的法律人才，了解企业运营中与全球法律可能产生的千丝万缕的联系，甚至在必要时依据当地的地域情况组建专门的海外团队，有效地应对和解决经济全球化为企业带来的法律及监管挑战。拥有国际法律知识或国际法律事务经验，一定会让你在帮助企业把握发展机遇时如虎添翼。

第六章
未来需要高端公司律师人才

2014年11月13日,《人民日报》客户端连推三文,称中国大陆急缺社会律师约400万人,除150万公职律师外,还缺社会律师约170万人和公司律师80万人。社会律师和公司律师都应属同一类自由职业者,公司律师是专被企业、银行、商户、团体等聘用的社会律师。

公司律师的需求更大,若平均10户企业需要一名社会律师,那么上海就需要中小型的公司律师39700名。若平均每100户企业需一名税务社会律师,上海就需公司的税务社会律师近4000名,而目前上海社会律师总数约有15000名。

国务院批复上海为金融、航运中心,目前上海有30万人从事金融业,按2013年末全市2500万人计算,占比为1.2%,而纽约、新加坡、伦敦这一比例为7.5%。若按30万金融从业人员的1%为金融社会律师计算,上海就需要3000名金融、银行类专业律师,而上海像蔡崇信这样的高端律师人才还不到10个。

未来对公司律师的要求越来越高,一方面是对律师的数量的要求越来越多,另一方面是对律师的素质要求越来越高。

"十二五"期间,中央企业改革调整、转型升级,自主创新、"走出去"步伐将不断加快。国资委明确中央企业法治工作要进一步强调"围绕中心、服务中心",立足于健全完善企业法律风险防范机制,为加快提升中央企业核心竞争力提供更加全面、更加有力的法律支撑和保障。

2013年,习近平总书记在哈萨克斯坦纳扎尔巴耶夫大学和印度尼西亚国会发表演讲时,分别提出共同建设"丝绸之路经济带"和"21世纪海上丝绸之路"合作倡议。

习近平总书记高度重视"一带一路"建设,诸多经典论述在国际社会引起广泛共鸣。三年多来,"一带一路"在建设中前进、在发展中完善、在合作中成长。

中国出资400亿美元成立丝路基金、成立亚洲基础设施投资银行、与沿线国家在多个领域深化合作……从顶层设计到项目落实,诸多举措正在带动各国经济紧密相连。

在这样的背景下,更需要高端的外向型公司律师。

一、国际环境

2019年1月28日,中国人民银行对美国标普全球公司在北京设立的全资子公司——标普信用评级(中国)有限公司予以备案;2020年5月14日,中国人民银行对美国惠誉评级公司在我国境内设立的独资公司——惠誉博华信用评级有限公司予以备案。信用等级决定了一个人或者一个国家融资、扩大杠杆能力的天花板。比如说给某国的国债一个BBB级,那么这个国债的风险系数就是100%;如果给它一个AA级,那么它的风险系数就是0。级别越高,融资成本越低。要是某个公司债评级调低了,那么,同样筹100元钱,就要多付出好几块钱的成本。

信用评级业对外开放是我国金融业开放的重要组成部分，有利于促进我国信用评级业和金融市场高水平、国际化发展。允许美国的评级机构进入中国信用评级市场，以后国内企业杠杆扩张的能力就会受到约束；由于美国评级机构的评级是数 10 万亿美元外国资产配置的参考依据，有了美国的评级，就等于唐玄奘西行有了通关文牒，会得到更多的吸引资本的机会。

允许美国的电子支付公司申请执照。移动支付的发展，让中国在支付领域弯道超车，目前中国的移动支付总额是美国的 50 倍。当然，未来更多的美国电子支付还会进一步参与进来竞争。

给美国 2 家金融机构颁发中国银行间债券市场承销牌照与业务资格。其实，摩根大通在 2017 年已经拿到这个牌照了，另外一家也早就在审批过程中。美国金融机构多了这个牌照，业务更完整，有利于它在中国吸引大客户。

这些举措意味着中国开放的步伐将会进一步加快。根据 WTO 的相关规定，中国对美国开放的部分，未来也必然很快对其他国家开放。而最高级别的开放，无非是货币来去自由；而对货币来说，决定来去的无非两点，一是安全感，二是利润空间。

二、国内环境

2017 年 4 月 26 日召开了国家金融安全学习会议，主题是"维护国家金融安全"。

金融是国家重要的核心竞争力，金融安全是国家安全的重要组成部分。此次会议对当下金融市场存在的部分争议较大的问题作出回应，确定"多方位、多手段防控金融风险"的基调，强化金融监管，强调协调监管，给企业以明确的路径指导。

未来，中央企业法制工作将面临新形势、新任务。一是产业转型升级不断提速，要求法律风险防范机制加快向新兴产业拓展。中央企业产业转型升级的新趋势，必然要求企业法律风险防范机制加快向新兴产业拓展，做到超前介入、及时跟进，特别是要更加注重实施企业知识产权战略。

二是企业并购重组活动日趋频繁，要求法律风险防范机制在企业整合中更好地发挥作用。今后一个时期，预计中央企业的并购重组活动将继续保持较高的增长态势。如何依法促进企业整合，需要引起高度重视。

三是企业组织形式和管理手段的发展变化，要求法律风险防范机制逐步形成一个完整管理链条。近年来，中央企业及其下属子企业的公司制股份制改革进一步深入，改制面已经从2002年的30%提高到70%以上。中央企业组织形式不断发展变化，企业股东日益多元化，对子企业的管理也逐渐从直接管理向规范行使股东权转变。随着中央企业主要资产和业务的下沉，子企业面临的法律风险逐渐增多。这些新变化，客观上要求中央企业必须把全系统的法律风险防范机制尽快打造成为一个完整的管理链条。

四是"走出去"步伐不断加快，要求企业法律风险防范机制进一步从国内向国际延伸。截至2009年底，共有108户中央企业投资设立境外单位5901户。当前，中央企业"走出去"过程中面临的投资环境日趋复杂，法律风险大幅增加。企业"走出去"，法律风险防范机制一定要跟着"走出去"。对境外投资环境及法律政策的研究要跟上去，投资项目的法律论证和尽职调查要跟上去，投资项目运营中的法律风险防范要跟上去，海外维权要跟上去。

五是国际贸易摩擦不断增多，要求企业法律风险防范机制进一步从被动防守向主动应对转变。要进一步深入研究国际贸易规则，重视"内外结合"，有效应对国际贸易摩擦。

当今世界，经济战争已取代军事战争，成为一个国家夺取财富和利益的主要手段。特别是经济全球化以后，为经济战争提供了更为便利的条件。可以说，"地球村时代"的来临，不仅拉近了人与人之间的距离，更是改变了国与国之间博弈的方式。经济战争随时随地都在进行，掠夺与反掠夺、制衡与反制衡、颠覆与反颠覆，这一切都在悄无声息但却惊心动魄地上演。而且，每当大规模的经济危机来临的时候，这种经济战争进行得更为猛烈和残酷。每一次经济危机都是弱肉强食的战场，危机过后，强者更强，弱者更弱，无论对哪个国家都是如此。创造财富和分配财富是人类面临的永恒命题。人类要生存和发展，就必须不断地创造财富。财富创造出来以后，就必然面临着如何分配的问题。人类的财富通常是通过社会分工和公平交换来实现流转和分配。在这一过程中，产生了市场和市场价格。市场价格的涨跌，决定了人们所拥有财富的增值和贬值。而影响市场价格的因素非常复杂，市场价格常常被人为地操纵，这样，经济战争必然发生，财富必然成为掠夺与反掠夺的对象。以前，经济战争通过实物贸易来进行；现在，随着全球经济一体化以及虚拟经济的高速发展，经济战争将以更隐蔽的方式进行。

三、我国企业在对外直接投资过程中面临的挑战

在风云突变的国际市场上，涉外企业面临着各种法律风险。2011年因中东某国战争引发的"银行保函风波"，就是中国企业在"走出去"过程中遭遇法律风险大规模爆发的典型案例之一。中国企业在该国承包的大型项目就有50多个，涉及合同金额190多

亿美元。由于该国国内发生战争，中国企业在当地的承包工程被迫停工，中方工作人员在我国政府的帮助下全部撤回国内，由此引发了一场保函风波，国内银行向外国业主开出的巨额履约保函面临被追索的危险。

这就需要社会律师、企业律师等法务人员作为参谋，护航企业走出国门。如今，越来越多的社会律师与涉外企业结成战略合作伙伴关系，使企业走出国门更有底气。

2011年6月，泰国首都曼谷市郊的"泰中国际精品城"项目破土动工。该项目的投资来自总部位于云南的阿诗玛文化产业（集团）投资有限公司。该项目位于泰国首都曼谷市郊，占地面积约200莱（1莱约为1600平方米），将建成一个大型商贸综合体。精品城项目计划分三期建设，总投资额达100亿元人民币。项目建成后，将成为2010年1月1日正式启动的中国—东盟自由贸易区结出的一大成果。

阿诗玛文化产业（集团）投资有限公司之所以大胆在泰国投资百亿元的项目，云南省东南亚南亚经贸合作发展联合会法律事务服务中心功不可没。在"泰中国际精品城"项目中，该法律事务中心出具的意见书详细阐述了泰国的政策环境、投资的法律环境、泰国注册公司的法律程序以及土地使用等多方面的情况，为该项目的落地提供了重要的助力。

尽管我国企业对外直接投资整体表现出乐观的态势，但我国企业在对外直接投资过程中依然面临着挑战。

1. 外来者劣势

外来者劣势被认为是跨国公司在境外经营过程中所需要承担的

额外成本,外来者劣势主要来自四个方面:和母国的空间距离、对东道国文化环境的不熟悉、东道国特有的政治和经济特征、母国环境增加的成本。以在美国进行直接投资的中国企业为例,由于中美两国巨大的文化差异,两国企业在经营的方式和理念上有诸多不同。美国文化强调自由、平等、个人主义及强烈的进取心,而中国文化则更多地强调和谐、等级和中庸,这些差异对中国管理者在美国经营企业造成了一定的阻碍。海尔集团的子公司在美国经营时就曾遇到这样的障碍。海尔集团一直将 6S 质量管理系统作为其对产品质量的控制手段,公司要求每天犯错误最多的生产线员工重复陈述 6S 质量管理系统的主要内容,以达到让员工进行自我批评的目的,这一做法在中国取得了很好的成效,但是在美国却遭到了员工的拒绝。

2. 并购整合失败的风险

随着中国企业国际并购能力的增强,以并购方式进入国外市场的企业与日俱增,但并购的成功与否取决于并购之后能否成功地对企业进行整合。2004 年,上汽集团收购韩国双龙汽车 49% 的股份,成为该公司第一大股东。为了挽救当时已濒临破产的双龙汽车,上汽集团制定了整合后的裁员计划,这一计划遭到了双龙汽车工会的强烈抵制。双龙汽车工会随即向韩国法院提交了回生重组请求,并开始了为期 70 多天的罢工,最后回生重组计划获得韩国法院批准,上汽集团对韩国双龙汽车的收购宣告失败。

3. 国际贸易摩擦加剧,对外直接投资绕开贸易壁垒

随着我国加入 WTO 和对外开放战略的不断深化,我国对外出口额增长迅速,多年以来一直保持着贸易顺差,这也势必引起贸易摩擦的增多和贸易壁垒的产生。我国已成为世界上遭受反倾销调查

最多的国家。2009年，我国连续14年位居全球贸易摩擦目标国榜首，全年21个国家和地区对我国发起贸易救济调查116起，涉案金额27亿美元。钢铁、轮胎、鞋、玩具、铝制品等已成为贸易摩擦的"重灾区"。对外直接投资成为替代出口型国际化的重要投资方式，不仅能减少贸易摩擦，绕开贸易壁垒，而且还能充分利用东道国的资本、市场、技术及税收优惠政策等，有利于我国企业获得东道国的优势资源，增强品牌的全球影响力。

受国际金融危机深化影响，一些国家出台了形形色色的贸易保护措施。这些贸易保护措施主要分为两类：一是滥用世贸规则允许的贸易救济措施，主要是反倾销、反补贴、保障措施和特殊保障措施，简称"两反两保"；二是使用传统的关税和非关税壁垒，如有的国家提高进口关税，采取禁止或者限制进口的措施，实施科技性贸易壁垒等，还有的国家在刺激本国经济方案中提出了优先购买本国产品的条款。

美国经济学家布鲁斯·布罗尼根和托马斯·普吕萨警告说："反倾销已成为最大的贸易壁垒。"在2001年9月之前，我国受到欧美等29个国家的450多起反倾销调查，涉及金额超过500亿美元，产品范围4000多种，行业10多个，60%的出口商品遭到不同程度的反倾销调查，直接损失超过100亿美元。世贸组织2006年5月发表的一份报告指出，中国已成为全球反倾销的首要目标。报告称，在2005年全年178起反倾销案中，对中国产品提请反倾销诉讼的有55宗，接近31%。而2008年，全球发起反倾销诉讼208起，中国依然是最大的反倾销对象国，共被发起反倾销34起。外国对我国产品频繁地发动反倾销，将直接影响我国出口规模的扩大和对外贸易的发展，减少我国企业在国际市场的生存空间。

在此背景下，相关的公司应注重公司法务人员的素质提升，使法务人员发挥自身价值，为公司顺利"走出去"奠定基础，扬帆远航。

虽然我国的公司法务有了一定的发展，但高端法务还跟不上形势的需要。

2015年，王健林再夺福布斯中国富豪榜首富之位，个人财富从2014年的132亿美元猛增至300亿美元，将马云（218亿美元）、马化腾（176亿美元）远抛在身后。2012年，他斥资31亿美元并购美国第二大院线AMC；2013年，以3.2亿英镑并购英国圣汐游艇公司，以7亿英镑投资伦敦核心区建超五星级酒店；2014年，甩出2.65亿欧元收购西班牙大厦；2015年，花费8000万英镑买下伦敦一座2万平方英尺的豪宅，以950万英镑刷新英国购房印花税纪录；以不超过35亿美元现金收购美国传奇影业，再次进军好莱坞；2016年，在印度投资100亿美元造产业新城……亚洲首富李嘉诚先是撤资内地，如今又悄然回归，斥资60亿元人民币先后购买位于上海新天地、陆家嘴商圈的两座地标写字楼。纵观两位亚洲首富投资脉络，其共同点是境外投资，资本外流。

一般而言，资本在全球流动是正常的。就资本特性而言，首先，资本如水，无孔不入。正是资本的这种特性，才最大限度地展现市场经济优化配置效用，以最节省的材料、最快的速度生产出最有用的产品，再以最便捷的方式送到最需要的消费者手中。其次，"金钱永不眠"，资本逐利性必然导致其流向投资洼地，占领利润高地。再次，资本无国界。全球化在理论上拆掉了阻碍资本流淌的屏障，科技发展为资本快速流动提供了技术支撑。

从世界经济来看，资本加速流动使后危机时代开启，全球经济进入洗牌期。本轮金融危机爆发之后，在各国量化宽松政策的主导下,货币"洪水"泛滥肆虐,转化成资本的货币必然要在全球寻找可附着之物。世界各国以邻为壑,最终遭遇"货币危机",在汇率乱局中,国家间的利差是国际资本流动的主要原因。根据国际金融协会统计,2015年新兴市场资金外流达到7320亿美元,其中中国占到92%之多。经济洗牌期同时也是兼并重组的高峰期,此一时期,许多资本雄厚的企业不断进行兼并重组,促进了资本的流动。

就中国而言,资本出走既有上述共性,又有其特殊性。一方面是在去产能背景下,国内普遍缺乏投资的地方。然而,根据福布斯发布的《2015中国高净值阶层财富白皮书》数据,中国的高净值人群以每年超过10万人的数量递增,截至2015年底,中国的高净值人群数量将达到112万人,人均可投资资产达到3116万元。显然,狭小的投资空间与强大的投资能力不匹配,只能产生挤出效应。另一方面是通过移民、投资等方式对企业原始积累进行"漂白"。在一个从计划经济走向市场经济的经济体中,多数富豪获得财富的"红与黑"逻辑大同小异——在商品市场"套利"淘得第一桶金后,进入要素市场"套利",而所谓要素最重要的有两个:一是土地,二是资金。从此角度看,中国式资本出走又是异样的。资本异常出走的危害不言而喻,资本大进大出将扰动金融市场稳定。

这个新浪潮,也是它的使命所在——连接全球市场,向全世界输出中国资本。通过输出中国资本这个手段,来实现输出中国意志,收获中国利益。

这些都为法务工作带来了机遇和挑战,如何熟悉投资国法律、交易规则和习惯,如何选择解决跨境商业争议,都需要高端外向型公司律师人才。

四、解决解决国际商业争议的途径

解决解决国际商业争议有多种途径,一般来讲,主要有谈判、调解、诉讼和国际仲裁。

1. 谈判

谈判是一种和谐地解决争议的方法,作为一种解决商业争议的方式,谈判对于中国企业而言是家常便饭。谈判意味着争议双方私下里聚到一起,试图以书面函件或举行会谈的方式,通过协商解决分歧,无须第三方协助或监督。

许多中国公司之所以喜欢通过谈判解决争议,是看中了谈判较为温和、较为友好的特质,有助于与对手保持和谐的商业关系,这在中国和亚洲文化背景中尤为重要。

谈判还在协商的时间、形式和风格上给双方提供了更大的弹性。许多中国公司在利用谈判解决争议方面有着丰富的历史经验;从文化背景讲,谈判也常常是世界这一地区的公司的自然选择。但是,在国际商业纠纷中,谈判战术也会遇到相当大的挑战。

第一,在国际背景下,语言障碍和文化差异可能使谈判变得困难、低效,争议双方能用同一语言进行有效的交流是至关重要的。各方亦需对对方的商业文化和礼仪保持敏感,以免造成误会。

第二,为了使谈判有效和富有成果,很重要的一点就是,双方一开始就应当对其法律立场有一个清楚和客观的理解。

根据我们就跨境商业争议为中国客户提供服务时得出的经验,由于国际商业争议常常高度复杂,各种法律和实际问题交相缠绕,双方往往难以了解和评估其在争议中的优势和劣势。在谈判开始之前，你需要了解你自己的立场和你的目标。

公司需要认真考虑来自外部的建议和支持。在处理争议时，人们易于感情用事，这经常导致人们作出缺乏商业远见的抉择。聘请在处理国际商业争议方面富有经验的社会律师，往往会帮助双方不偏离正确的轨道。

2. 诉讼

与谈判、调解或仲裁相比，诉讼过程更有条理，并且需遵从更繁苛的法律规定。诉讼的明显好益是涉及法院制度，这意味着当事方在法院制度下受到有序的监督和指导。不合作的一方更难以故意拖延诉讼进程，原因是法院可以确定诉讼时间表，并且在必要时强制一方参与诉讼，以及对不参与者实施制裁。

在一般的情况下，当事方通常认为聘用国际律师事务所与当地法律顾问紧密合作，以确保诉讼程序按照最佳国际惯例进行，是可取的做法。

诉讼时间的长短主要取决于根据法院规则设定的时间表以及法院审理案件的能力，前者在不同司法管辖区情况各异，后者则是诉讼当事方控制范围以外的。在某些司法管辖区，由于法院需要处理大量案件，案件经过多年才能够由法官审理的情况也时有发生。再者，败诉方可就法院判决向上级法院提出上诉，这亦为案情添加了不确定因素，进一步延误时间，以及增加诉讼费用。

跨境争议及诉讼经常面对跨境执行判决的问题，也就是说，某国家法院作出的判决可能会难以由另一国家的法院强制执行。

一般而言，各国之间并无签订任何国际条约规定自动强制执行外国法院判决，执行某外国法院宣告的判决主要是依赖各国之间的互惠安排（相关的安排有限）以及当地法律（此可能需要通过耗时冗长及涉及巨额成本的程序）。

3. 国际仲裁

机构仲裁通常在香港国际仲裁中心、国际商会、新加坡国际仲裁中心或者中国国际经济贸易仲裁委员会等仲裁机构主持下进行，而这些机构会收取管理费。

仲裁时，中方通常选择根据由所选的仲裁机构制订的仲裁规则进行机构仲裁，机构仲裁的好处在于确保仲裁程序以有序的方式管理。仲裁机构亦可以对仲裁程序行使一定程度的"质量控制"。

全球大多数国家已成为1958年《联合国承认及执行外国仲裁裁决公约》（《纽约公约》）缔约国。《纽约公约》为国际仲裁裁决建立了完整的执行体系，且公约缔约国拒绝执行其他签署国的仲裁裁决的理由极其有限。

"一带一路"倡议所涵盖的大多数国家均为《纽约公约》签署国，因此有义务承认并执行其他缔约国颁布的仲裁裁决。值得注意的是，至今未在全球范围内就国外法院判决的执行制定类似于"纽约公约"的规定，因此国外法院判决是否能够执行在很大程度上取决于每个国家的本地法律以及各国之间订立的双边条约或安排。

五、互联网背景下，法律行业的职业选择

之前笔者聆听了一场关于在互联网大背景下，未来法律职业选择的实务讲座。互联网的飞速发展，给我们的生活带来了巨大的变化，同时，在法律行业，也正在掀起一场可以颠覆传统思维的革命。法律服务的人工智能化、大数据信息筛选、法律信息分享等新事物

的出现，无不使我们感受到，"互联网+"的法律行业展现给我们的一切，耳目一新。

易观国际董事长兼首席执行官于杨提出了"互联网+"概念。在互联网+法律的新业态下，法律行业出现了一些新气象：法律知识管理与传播分享、法律检索技术、在线法律服务、法律信息大数据、法律社群，在这些新气象推动下，法律正在向精细化、专业化、规模化、网络化、标准化的方向发展。虽然单个整体项下的法律服务是不可能千篇一律的，它必然会植入很多个性化服务及线上服务不可能促成的客户体验；但是，如果将这整体项的法律服务细化、再细化成一个又一个精细的环节，将分解、细化后的环节进行标准化、规范化操作，这是完全可行的。相同的道理就如医疗领域，科技的发展可以将医疗活动这一项差异如此巨大的行为精细化、标准化、流程化，那作为同样个案差异极大的专业性法律服务问题，也可以通过此找到一个可操作的标准化路径。

早些年，当一名法学院学生面临职业选择时，传统的思维告诉他，公检法等其他体制内公务员、社会律师行业、法务等是仅有的职业选择。但是，如今融入互联网思维的法律行业，职业选择已经远远不局限于这些职业了。细化和专业化的法律服务，提供了大量如法律知识管理师、法律咨询管理师、网络知识产权保护专业人等新兴的职业，对于这些职业的发展前景及可能给予给我们的空间，我们甚至难以推测。所以现如今，法律学子在面临职业选择之时，应摆脱传统思维的桎梏，放开视野，充分运用互联网赋予我们的机会，发散自己的思维，寻找一份自己喜欢，同时也最适合自己的职业，为那藏于内心对自由和公正的最原始的追求。

在这样的背景之下，法务人员创新意识和创新实践尤为重要，时代在变,人的想法也要跟着趋势向前,才不会与时代脱节。在市场主导的法律服务行业,法律服务提供者如果不与时俱进,那么市场将对你作出惩罚。时代在前进,事物也在不断的变化发展之中,我们只有拥有一双敏锐洞察的眼睛及一个紧跟时代变革的大脑,才能在急剧变革的当下不被抛弃。

在互联网大时代下,法律服务要求的标准化、规范化势必以专业化、精细化为前提,即一个法律服务提供者只能做一个专业领域内的事情。之前我们把专门做刑事辩护的社会律师称为刑事专业律师,将来必然在刑事辩护之下再进行细化,比如职业犯罪领域辩护社会律师、毒品犯罪领域辩护社会律师、人身伤害辩护社会律师等,其实这些趋势已经在发达地区法律服务市场形成了一定市场业态。不仅仅诉讼领域,在非诉讼领域,专业化细分也是趋势并且相对更能够实现智能化。所以,我们要培养专业意识,做最专业的事情。

结伴而行。一个人走,可以走得更快,但大家一起走,才能走得更远。也许如今在很多地方,法律职业者单打独斗仍可大行其道,但是这已经与大势相背离,是要被取代的。社会分工精细化下要求的专业化,每个人都只在自己领域内发声并且努力钻研本领域内的问题;要想将一项工作做到至臻完美,就必须与团队协作,齐心协力。所以,团队协作意识至关重要。

在实际的法律工作中,若能够做到"商业、专业、职业",那就能够成为一个优秀的法务人员。

1. 商业

作为一名法务,首先在一件事情上必须有一个明确的共识,即法务的职业定位到底是什么?毫无疑问,应该是帮助公司实现盈利,最大程度降低风险。法律思维在给予我们看待问题异于常人角度的同时，也往往不免让自己成为一名风险厌恶者。

在商业交易中，一点风险也没有的事情非常少。对于风险，法律人应该理性看待。法务不能仅仅从法律角度去看待问题、解决问题，必须在更广的维度上去看待公司的法律问题。法务要破除自己是交易推动器的错觉，法务的工作是为商业服务的，为商业服务的前提就是与商务人员建立良好的关系，得到商业伙伴的认可，提供商业伙伴认可的解决方案，为商务活动的顺利推进出谋划策。

能否提供商务上可行的法律解决方案是判断经验的重要标准之一。识别法律风险只是法务工作的第一步，在风险识别完成后，如何提供商务上认可的手段去控制法律风险才是真正检验法务功力的地方。在实践中，大多数法律风险都处于灰色地带，既未达到足以阻断交易的地步，也并不能掉以轻心。在这样的情况下，能向客户指明解决途径的法律工作者，才能得到客户的信任和认可。

当遇到现实的法律问题时，对于法务来说，判断力就显得非常重要。这就要求法务必须准确识别这种风险仅仅是理论上的，还是有可能对整个交易产生过大影响。从理论角度来看，社会律师之间没有所谓的"双赢"，风险就这么多，不是你的风险，就是我的风险。纯粹从风险角度看，很难有"双赢"，只是在不断的商讨之中从甲方挪到了乙方；但是商业上有"双赢"，只要找到双方的共识。双方要实现各自利益，必须作出妥协，必须在一个重合的区间内找到共识，从这个角度看，为商业服务的社会律师能够达成一致，并完全有可能实现交易双方利益的最大化。

需要承认，大部分时候法律并不是商业活动的最终决定因素，有时候法律工作者需要将自己放在一个支持和辅助的地位去帮助商业目的的实现。商业世界有商业规则，由商务人士主导也是题中应有之义。但是，法律人绝不能将自己放在一个旁观者的地位，当客户遇到问题，需要解决困难的时候，不能仅仅对其提示风险，也不能仅仅指出解决风险的几条途径而让客户自行决定选择哪一条途径。法律工作者需要运用自身的专业判断和专业素质帮助客户去解决问题，在必要的时候还需要成为引导者，帮助客户做出正确的选择，实现其商业目标。

在做好自己业务的同时，法务需要了解公司的整体战略方向和业务重点。只有站在一个更高的层面来看待公司的业务，法务才能更好地提供法律意见。如果把法律技能看作形而下，商业战略看作形而上的话，"形而上"和"形而下"必须有效地结合，我们的视角才能不仅仅囿于法律，提出的意见才能更具有建设性。

2. 专业

三天不学习就要落后是摆在每个法律工作者面前严酷的现实。整个法律环境、商业环境甚至是政治环境的变化，都会深刻地影响到法律工作者的工作。谈到专业知识，我忽然想起了一次和一位尼日利亚社会律师的交流，当时谈到了上市公司并购有价款调整（Price Adjustment）机制，这是一个非常细节的问题，只有真正对深入做过国际高端并购案的社会律师，才能很好地全面回答这个问题。如果没有平时的专业学习可能当时就露怯了。

法律工作者除了在技术上要紧跟变化之外，还需要通过不断地学习，定期对商业世界、技术发展和政治环境进行跟进。终身学习是我们这个时代对法律工作者的一个基本要求，学习的目的不仅仅是知道最新的法律变化，更重要的是通晓自己公司所处行业的最新信息，即我们说的要"懂行"，懂行的意思是懂得服务客户行业知识。比如搞油气的律师，如果不明白勘探、开发、生产的基本流程和油气业的基础知识，你很难相信他能做好 Lifting Agreement、Gas Balancing Agreement、Unitization Agreement、AMI Agreement 等专业化很强的油气类合同。

现在有非常多的渠道让我们来获取信息和进行交流，比如无讼阅读提供了一个专业的法律信息检索和阅读专业平台，知乎提供了一个跨界交流的分享平台，法律微信公众号为我们提供了一个业内交流的平台。

3. 职业

很多人都说自己的目标是要成为一个专业水准高的法律人，但是如何来评价一个法律人的水平呢？律师的业务水平除了体现在以上所说的方面外，还体现在职业，即要以法律职业的敏锐度来进行工作。职业表现在以下几个方面：

第一是精深。精深就是不仅仅知道表象，还需要知道为什么这么写、有什么风险分配考量，市场上的惯例和发展。见多识广，没有什么样的写法没见过，没有什么样的无理要求没见过，没有什么样的硬仗没打过。

第二在于所提出法律方案的商业合理性，客户要的是商业可行的解决方案，而不仅仅是法律上可行的方案。

第三在于法律思维能力及跳出法律专业，站在公司战略高度看问题的能力。就法律而论法律的律师很多，但要能够跳出法律思维，站在更高层面去看待风险和收益问题，则需要更多的经验积累和敢于拍板的能力。

第四在于表达能力。许多人能够写很好的法律分析，但能不能向商务人员说明白、说清楚，用通俗易懂的语言表达出来，这也是律师能力的区别。

第五在于谈判实战/诉讼能力。能不能在国际商务谈判上有理有据地保护客户利益，能不能在诉讼仲裁中替客户争取到好的结果，让客户满意，这也是区分"嘴炮"律师和"好律师"的标准之一。

有人常问："法律人的乐趣到底来源于何处？"我觉得，法律的有意思之处就是在一个不确定的世界里尽力去寻求确定性和可预期性。另一方面，公司对法律顾问作用的定位也是非常重要的。公司的法律顾问不仅承担着社会律师的职能，而且扮演着管理者的角色。他们在提出法律意见时，不仅要评估法律上的风险，更会考虑到公司的战略、公司的运营情况以及市场的变化等，在综合考虑各方面的因素后，提出一个切实可行的意见。所谓"社会律师只会刹车，不懂加油门"应该是公司外聘社会律师和公司内部社会律师的最大区别。律师事务所的社会律师在给公司作法律咨询时，一般会按照法律规定，给予比较保守的意见；而公司律师在支持业务部门时，不仅仅要考虑法律上的风险，更要综合考虑如何规避这些风险，或如何运作可以使法律风险更小。也就是说，公司律师应当把握权衡法律风险和业务需求两方面后，帮助业务部门作出更切实际的决定。这种决定有时是需要承担一定风险的，但这也是内部法律顾问对公司业务的价值所在。

让人欣喜的是，在中国当下的这个时代里，我们的法治环境在改善，公司治理结构逐步完善，自由、公平的市场竞争的环境在重塑，民主的思想在逐步深入人心，企业家也越来越重视公司律师的作用。

第七章
中国法务发展的专业化、规模化和品牌化

我国加入世界贸易组织（WTO）后，中国法律服务市场将迎接一系列的新挑战，众多跨国公司扩大了在中国的投资和经营，中国进行企业改制重组、更多地参与国际经济贸易，这为社会律师业带来了进一步开拓业务的良机。同时也将面临如下问题：一是业务的竞争，二是人才的竞争，三是管理的竞争，四是素质的竞争。法务人员应积极面对"入世"挑战，紧紧抓住"入世"机遇，完善法务管理机制，提高法律管理水平，使法务管理和发展专业化、规模化、品牌化、国际化、公司化、标准化。

法务要实现品牌化、规模化发展，必须依据"让最合适的人做最合适的事"的原则，对法务进行适当的划分。法务人员应当依据自身的综合素质与发展阶段进行定位，并努力向自己希望达到的人力资源层级努力。

法务队伍的划分应当以给法务一个科学合理的发展阶梯为目标，使每一个法务经过"打基础阶段—提升技能阶段—树立品牌阶段"三个阶段的发展，最终呈现品牌法务的阶梯式发展过程。

在树立品牌阶段要在深厚的法律功底的基础上，对某些法律进行深入细致的专题研究，从而成为某一法律领域的专家。

专业化、规模化是我国法务改革与发展的必然选择。在国际经济日益发达、交易规则日趋复杂的今天，无法想象一个小团队的法务能胜任纷繁复杂的、技术性极强的法律服务工作。规模化是我国社会律师业改革与发展的必要保证。

法务专业化和规模化密不可分，品牌化是我国社会律师业改革与发展的必由之路。要想在竞争激烈的市场中立于不败之地，就必须创建自己的品牌，而品牌化是需要高素质的队伍、高质量的服务、高效率的管理来保证的。

为了实现专业化、规模化、品牌化，必须完善法务的体制和机制。要健全法务管理方面的法律、法规，包括法务执业行为标准、规则等行业自律规范，行政机关对法务行业的管理今后要逐步并坚决地转移到重点做好"准入、导向、监管"的工作上来，从而提高法务行业的服务质量和竞争力。应该加强法务之间的交流与沟通，提高法务专业技术水平和素质，学习先进法务部门的制度设计、品牌建设、规模扩张的成功模式。

全球化的含义可以简单概括成三个方面：服务对象（客户）的全球化、服务内容（涉及法律和规则）的全球化、服务水准的全球化。

中国是世界上吸引外国投资最多的国家之一，每天都有外国公司到中国不同的地区、对不同的行业、以不同的方式进行投资。这个过程中，大多数外国投资者都要聘请公司律师来协助他们进行投资活动。同时，随着国内公司到海外融资、到海外应诉维权，也需要有能力的公司律师一起走出去。在全球化的时代，我们的公司律师熟悉我们自己的法律、政治和文化，如何懂法务、懂商务、会外语，能流利地用外语直接与外国人交流，直接参与到整个投资项目的构架讨论、谈判以及文件起草中，公司律师才能真正融入到全球化的进程中。

　　法务要走规模化、专业化、公司化、国际化的发展道路，需要培养和选拔一批懂法务、懂管理、懂商务、有敬业奉献精神的人。

第二部分

法务实践篇

第一章
党领导下的国企特色法人治理结构

公司法人治理结构是法务工作的核心，法人治理结构也决定了公司的法律管理体制和机制，法律顾问的角色、地位和作用。

公司治理结构，或称法人治理结构、公司治理系统、公司治理机制，是一种对公司进行管理和控制的体系，是指由所有者、董事会和高级执行人员即高级经理三者组成的一种组织结构，例如，董事会、经理层、股东和其他利害相关者的责任和权利分布，而且明确了决策公司事务时所应遵循的规则和程序。公司治理的核心是在所有权和经营权分离的条件下，由于所有者和经营者的利益不一致而产生的委托—代理关系。公司治理的目标是降低代理成本，使所有者不干预公司的日常经营，同时又保证经理层能以股东的利益和公司的利润最大化为目标。

公司法人治理结构是近些年来法学界、经济学界、企业界普遍关注的问题，我国《公司法》从立法上确立了公司法人治理的"三权分立—制衡"结构。

所谓公司法人治理结构，也称之为公司治理结构，是指所有者、经营者和监督者之间通过公司权力机关（股东大会）、经营决策与执行机关（董事会、经理）、监督机关（监事会或监事）而形成权责明确、相互制约、协调运转和科学决策的联系，并依照法律、法规、规章和公司章程等规定予以制度化的统一机制。通俗地讲，就是公司的领导和组织体制机构，通过治理结构形成公司内部的三个机构之间的权力的合理分配，使各行为人权责明确，相互协调，相互制衡的关系，保证公司交易安全，运行平稳、健康，使股东利益及利益相关者（董事、经理、监事、员工、债权人等）共同利益得到平衡与合法保护。

交易安全是公司治理的基础，这是由公司的商事特征所决定的。交易安全得不到保证，公司股东及其利益相关者的全部利益都得不到实现。没有交易安全，交易很难发生，公司就无法生存与发展。交易安全也是公平、正义、效率等价值取向永久存续的前提。

效率即利益，是公司治理的最高目标。公司治理就是要协调各种资本要素、管理要素、生产要素之间的关系；股东与公司的关系、股东与董事的关系、董事与经理的关系、公司与员工的关系、公司与债权人的关系、公司与政府的关系并使之高效运转，来实现股东及利益相关者的共同利益和公司的经营目标及社会公共利益。公司治理使公司内外部的各种资源实现配置后的效率最大化，其目的是满足股东及利益相关者利益与社会公共利益的实现。

公平与正义是公司治理的根本内容，公平、正义作为法律价值是人类理性永恒的追求。公司保护股东权平等原则，遵循利益与风险相一致的正义观念。公司法人治理实质上是在公平理念指引下，在股东及利益相关者利益、社会公共利益上寻找一个平衡点，使各自的利益在投入产出原则下实现社会正义。

公司是投资者的工具，股权、经营权、监督权与法人财产权的分离的产权现状是现代公司法人治理"三权分立—制衡"结构模式形成的经济基础。

我国现代公司法人治理的"三权分立—制衡"结构模式的确立是通过股东大会行使决策权，董事会、经理行使经营控制权，监事会行使监督权形成相互协调，相互监督、相互制衡的机制，最终是使公司能正常运转，交易安全；在公平、正义理念下，实现股东、利益相关者利益及社会公共利益的实现。交易安全、公平正义、效率也就成为"三权分立—制衡"结构模式形成的哲学基础。

这里所说的"结构"应该理解为兼有制度、体系和控制机制的含义。现代企业采取了股份制，在股份制企业中所有权与经营权分离，所有者与经营者之间，经营者不同集团之间的利益关系比单人业主制企业或合伙制企业要复杂得多。如何处理这种利益关系涉及企业的效率、业绩，甚至成败。处理这些利益关系需要一套相应的制度，这就形成了公司治理结构理论。

良好的公司治理对于对企业成长发展具有关键作用，也是企业保持活性的前提，在企业遇到风险时更是能起到定海神针的作用。

公司治理结构是现代企业制度的核心内容，公司治理是国家治理的微结构。公司在成立和运行发展中涉及政企关系、资产所有权和使用权关系、管理层领导之间关系、交易关系、收益和分配等重大关系。形象地说，公司是法人，这些关系是法人的身体和四肢，公司法人治理就是颅脑神经，公司治理结构事关公司的控制系统。

不管承不承认，CLO 的时代已经来临。企业开始意识到综合财税筹划的威力，CFO 开始登场。从生产到市场营销，再到财务筹划，一路发展到现在，企业主感受到法律风险，他们越来越认识到，在看似高大上、实则陷阱重重的综合竞争面前，一个既懂法律规则又深谙政府政策的高参将越来越重要。法律规则没有正邪，谁掌控了都是力量，而CLO是最善于用法律规则打败法律陷阱的人选。

在现代西方大公司中，首席法务官（CLO）是公司高管和董事会成员是公司治理的核心成员，也是首席执行官（CEO）和首席财务官（CFO）最佳的战略伙伴，三者构成一个相对稳定的公司治理铁三角，共同参与公司战略的规划与决策。

——诺亚财富副总裁兼首席法务官郭建军在《法人》特约撰稿

一、CLO，一种新兴的公司治理制度

CLO产生于欧美国家，西方发达的经济、现代的公司制度、优良的营商环境和严苛的市场监管等肥沃土壤孕育了现代CLO制度。特别是从20世纪末算起，已经发展了近20年的美国CLO模式逐渐成为全球公司治理学习的典范，而以德国、法国为代表的欧洲国家和以中国、日本、韩国为代表的亚洲国家的公司正成为现代CLO先进制度的"拥趸"。总体上，欧美国家法律层面和公司管理层面均对CLO寄予厚望，促使该制度不断契合公司治理的演进趋势，融入企业管理框架中并日益占据重要地位。但在亚洲，CLO制度总体发展缓慢，这里面的因素复杂，因为融合政治、经济和文化各方面的差异，亚洲公司很难照搬美国的CLO模式，而是要做大量的改良工作。

CLO作为一种新兴的公司治理制度，其理论框架必然建立在诸如法学、管理学和经济学的基础理论之上。公司治理的核心是权力

的制衡，而 CLO 制度正好偏重于内外部的控制，CLO 制度是一种董事会在经理内部建立的制衡机制，是董事会对经理制衡机制的一种延伸。

二、金字塔，CLO 的权力结构

在公司治理中，现代企业已经意识到赋予 CLO 权力的重要性。在实践中，CLO 的权力来自股东会、董事会或者 CEO 的不同授权，而最常见的是后两种情况。例如，根据 2012 年的一项调查显示，55% 的 CLO 从 CEO 获得授权并向 CEO 负责，36% 的 CLO 从董事长获得授权并向董事长负责，这一比例比 2007 年增长了 10 个百分点。在 CLO 制度内部我们可以清晰地看到一个金字塔锥体，支撑起该制度的三个支点，分别是一票否决权、社会律师豁免特权和独立合规监管，公司高管及董事会成员身份是锥体的顶端。一票否决权是指 CLO 对其职责范围内所负责的决策事项拥有否决权，社会律师特权保证了 CLO 特定情况下的豁免情形，而 CLO 的独立合规监管可以保证 CLO 的影响和监控覆盖整个公司的各个业务环节。

CLO 的权力渊源直接关系到 CLO 的定位。CLO 对 CEO 为代表的经营层负责的情况下，经营者履行股东受托责任，需要 CLO 作为法律和风险控制方面的专家，通过其专业才能协助经营者保证企业安全；CLO 对董事会负责的情况下相对独立，在一定程度上减轻了经营者的"内部人"行为，使股东的利益得到较有效维护。2012 年一项 KMPG 的调查显示，美国 38% 的 CLO 本身就是董事会成员，这一数据远远领先于其他国家。从发达的市场经济国家来看，CLO 最好由董事会直接任免，因为董事会是股东的代表，公司章程对 CLO 的职权有明确的规定。但两种做法都有不足之处：第一种做法会让 CLO 对 CEO 言听计从，上市公司重大违规和舞弊由此产生；第二种做法经营层可能会排挤 CLO，使其游离于企业的核心事务之外，很容易由于 CLO 与经营层面的沟通不顺畅而出现较高的代理成本。于是，CLO 应从单向定位向双向定位协调转变，即 CLO 既要向董事会负责，又要向经营层负责，并协调好两者的关系。由此，产生了三个层次的 CLO 受托责任：对股东、董事会和 CEO 的受托责任。

三、西风东渐，美国 CLO 的角色定位

自 2010 年起，以苹果、三星和谷歌三巨头为核心的专利世界大战牵动了全球 TMT 行业的神经，整体诉讼的金额已经超过千亿美元。但人们没有注意到其背后的操盘手正是各大巨头的 CLO 们，他们凭借专业的法律能力和果敢的商业判断帮助其东家赢得了一场场战役。美国 CLO 的战略定位在业界堪称典范，他不再仅仅担当法律顾问一种角色。

1. 战略规划的制定者

增强 CLO 的战略参与功能，促进公司战略实现，是现代公司治理对 CLO 的主要要求。CLO 立足于股东和经营管理者之间的位置，是公司重要战略决策的制定者和执行者。CLO 从法律风险的角度参与战略制定分析具备很强的优势，成为 CEO 决策的得力高参和亲密战友。CLO 已将关注的焦点由交易处理和控制，转向决策支持和更深入地参与制定全球化的战略。而 CLO 战略支持角色的发挥，就为董事会的战略决策控制权的行使奠定了坚实的基础。

2. 公司治理的设计者

美国的 CLO 的职业角色经历了一场变革，传统职能的地位已经弱化，从为 CEO 的决策提供顾问咨询转变为与 CEO 共同分担决策制定的合伙者。CLO 从法务功能中转变出来，以前是在一个垂直的公司构架中提供意见和进行控制，而现在要在一个水平的层面上为公司治理和战略决策提供支持，CLO 被提升到与 CEO 同等重要的地位。CLO 作为公司治理的策划和设计者可做的事情很多，公司董事会和 CEO 需要时时刻刻向 CLO 咨询公司治理的规划。

3. 合规遵循的监督者

CLO 对公司合规的保证责任起始于董事会，由于董事会对经理的授权经营，作为制衡手段，以起到和 CEO 或其他经理成员间的制约作用，降低经理舞弊的可能性。需要注意的是，CLO 合规监控角色与战略支持角色会经常产生冲突。公司必须抵制这样的倾向，即避免过分强调监督而仅仅把 CLO 定位为合规监控人，从而只关注风险管理、规范遵循等方面的问题。同时，公司也须防止相反的趋势，即防止把 CLO 全部地视为战略家而忽视其还具有合规监控的重要责任。

4. 风险管理的规划者

随着立法规模的井喷式发展、大数据与新技术带来的冲击、全球化推动，现代企业风险管控遭遇空前压力。CLO 既是战略的规划者，又是决策的实施者，因此 CLO 应该承担起企业风险控制责任，并能采取措施有效防范和化解风险。现代企业战略规划流程中必须嵌入对法律风险的考量，并以此主导企业战略目标设定、评估及实施。CLO 透过其独立的信息流，能敏锐探知附于公司之上的风险增量。

5. 法人安全的保障者

CLO 作为公司安全的守护人，从物理、信息和法人三方面对公司安全进行防护。在物理安全方面，CLO 要建立物理安全防护体系。在信息安全方面，要建立攻防一体的控制体系；现代企业的资产结构中，无形资产的比重在逐步增加，信息安全保护模式也发生了根本性改变。在法人安全方面，CLO 要保证法人的角色安全。

6. 无形资产的经营者

美国很多上市公司的资产中，无形资产所占比例已超过其所有资产的一半以上，无形资产的运作管理已成为企业法律部门的重要工作。出色的 CLO 应是多面手，能随时在技术和知识产权专家、财产评估专家、商业战略家等角色间切换。企业中没有谁比 CLO 更适合担任公司无形资产如专利、商标、域名等的操盘手，他能识别企业无形资产中的关键价值驱动源，懂得无形资产价值增值与商业化的路径然后进行熟练的调配。

四、CLO 在公司治理中的关系营建与冲突管理

不管将 CLO 比喻为公司的降落伞还是守夜人，CLO 都会在职能上与其他部门存在诸多冲突，而且越是跨国公司这种矛盾会越明显，因此厘清 CLO 与公司其他高管和机构的关系显得至关重要。

我国公司法人治理结构目前存在的主要问题是：所有者缺位状况仍未解决，由此产生"内部人控制"问题，缺乏对经理层的约束机制。

2004 年 11 月 29 日，中国航油（新加坡）股份有限公司（简称

"中航油")向新加坡高等法院申请破产保护。表面看是错判油价走势累计亏损5.5亿美元,实质上是毁在法人治理结构上。

中国企业的平均寿命不长,究其原因,大多数的企业死于治理结构。虽然早在1994年,我国就颁布了《中华人民共和国公司法》(以下简称《公司法》),并且明确规定了公司的法人治理结构,但多数上市公司的董事会、监事会流于形式,企业自身并未充分认识到它的重要性,致使治理结构不能发挥真实有效的作用。于是,在其后的《创业板管理办法》中又对公司治理提出了严格要求,而且,从2009年7月1日起,《企业内部控制基本规范》也率先在上市公司中开始施行。

公司制是现代企业制度的一种有效组织形式,是我国国有大中型企业改革的方向,而法人治理结构是公司制的核心。基于我国国有企业公司化改革的特殊情况及存在的法人治理结构不规范的种种表现,规范和完善公司法人治理结构将是一场企业"革命"。

党的十六届四中全会审议通过的《中共中央关于加强党的执政能力建设的决定》指出:"国有企业党组织要适应建立现代企业制度的要求,完善工作机制,充分发挥政治核心作用。"国有企业党组织发挥政治核心作用,成为贯彻"三个代表"重要思想的组织者、推动者和实践者,是加强党的执政能力建设和党的先进性建设,是建设社会主义政治文明、构建和谐社会的重大课题,是深化国有企业改革、按照科学发展观加快国有企业发展的必然要求。

李源潮同志在2009年全国国有企业党的建设工作会议上指出,坚持党的领导,充分发挥党组织政治核心作用,是我国国有企业的重大特色和独特优势。确立企业党组织在公司治理结构中的政治核心地位,构建确保党组织充分发挥政治核心作用的公司治理结构运行机制,是中国特色现代国有企业制度的鲜明特征和本质要求。这为我们在加快建立中国特色现代国有企业制度进程中,正确处理党组织与公司治理结构的关系指明了方向。

1. 正确认识党组织与公司治理结构的关系

在中国特色现代国有企业制度框架内,党组织发挥政治核心作用与公司治理结构依法履行职权具有目标上的同一性和功能上的互补性。

从目标上看,国有企业的产权属性是公有制,全体人民是国有资产的终极所有者和出资人,因此国有企业公司治理结构依法履行职权的目标就是维护国家和人民的利益。而中国共产党作为执政党和全国最广大人民群众根本利益的忠实代表,在国有企业中主要是通过党组织发挥的政治核心作用来实现和维护人民的根本利益。

从功能上看,党组织发挥政治核心作用主要是在国有企业的政治属性上,保证监督党和国家方针、政策在企业的贯彻执行,支持公司治理结构依法行使职权,确保党对国有企业的政治领导。而董事会、经理层和监事会作为公司运行的权力中心,主要是从国有企业作为市场竞争主体的经济属性上,维护股东的权利,保证国有资产保值增值,实现企业经营效益最大化。因此,只有把两者功能有机融合起来,才能真正实现国有企业在追求经营效益最大化的同时,不会偏离中国特色社会主义方向,并确保企业科学发展。

国有企业党组织作为中国共产党的基层组织,具有先进的理论指导和价值追求、健全的组织体系和工作机制、严明的组织纪律和优良作风、广泛的群众基础和影响力。可以说,中国特色现代国有企业制度就是把国有企业党组织的政治优势与现代企业制度的体制机制优势相结合的产物。

为加快推进中国特色现代国有企业制度建设，在国家立法层面上，应及时明确党组织在国有企业中的法律地位。

中共中央、国务院印发了《关于深化国有企业改革的指导意见》（以下简称《指导意见》），着重强调要"加强和改进党对国有企业的领导"。

在尊重企业发展规律的前提下，将党的领导制度与公司的一般发展规律有机结合将是国企改革工作的重点。

《公司法》虽然对国有企业发展有明文的法律规定，但是在实践层面如何将党建工作与企业经营相融合，还需要我们进一步探索。国有企业的党建工作有自身的特殊性，如何在保证企业正常经营，尊重企业发展规律的前提下，将党的领导制度与公司的一般发展规律有机结合，这是国企公司法人治理结构面临的重大课题。

《指导意见》强调："把加强党的领导和完善公司治理统一起来，将党建工作总体要求纳入国有企业章程，明确国有企业党组织在公司法人治理结构中的法定地位，切实承担好、落实好从严管党治党责任。要充分发挥国有企业党组织政治核心作用。"国资委主任张毅指出，在国有企业改革中要坚持党的建设同步谋划、党的组织及工作机构同步设置、党组织负责人及党务工作人员同步配备、党的工作同步开展，建立健全党建工作责任制。

国有企业法人治理结构核心是选配好领导层，国有企业领导人员是党在经济领域的执政骨干，是治国理政复合型人才的重要来源，对国有企业领导人员的要求要严、标准要高，必须选强选优。

2. 妥善处理党组织与董事会、经理层、监事会的关系

要把握好党的领导和完善公司治理的关系。坚持党对国有企业的领导是重大政治原则，必须一以贯之；建立现代企业制度是国有企业改革的方向，必须一以贯之。要把加强党的领导和完善公司治理统一起来，建设中国特色现代国有企业制度。充分发挥国有企业党组织的领导核心和政治核心作用，把方向、管大局、促落实。自觉在思想上政治上行动上始终同以习近平同志为核心的党中央保持高度一致，坚决把党的理论和路线方针政策贯彻好执行好，确保国企改革发展的正确方向。始终在大局下行动，加强集体领导、推进科学决策，推动企业全面履行经济责任、政治责任、社会责任。管干部聚人才、建班子带队伍、抓基层打基础，领导群众组织并发挥其作用，始终围绕企业的中心任务开展工作，把党中央精神和各级党委、政府的部署不折不扣落到实处。更加明确党组织在决策、执行、监督各环节的职责和工作方式，使党组织发挥作用组织化、制度化、具体化。

国企内部党委的领导是从责任分工来讲的，主要针对的是人；而董事会的管理则是从具体职能来说的，主要针对的是事。在这两个层面上，双方权责是清晰地分开的，因而两者不能发生越轨，也不会发生冲突。

从产权归属角度讲，国有企业应承担三项责任，即经济责任、社会责任和政治责任，这是国企党委会要关注的重点。而在具体的功能发挥上，国企应当充当市场竞争的主体、行业发展的引领、宏观调控的工具和公共品提供的主力，这是董事会要关注的重点。

党委和董事会的权责是不同的，两者并行不悖，避免了冲突和扯皮。

（1）在工作职能上结合

实践证明，"双向进入、交叉任职"是实现党组织政治核心作用与公司治理结构有机结合的有效办法。通过"双向进入、交叉任职"，企业党委成员通过法定程序分别进入董事会、经理层、监事会，董事会、经理层、监事会中的党员依照有关规定进入党委会，有效实现企业党组织与董事会、经理层、监事会职能上的有机结合。

国企应建立一种"人事结合，两个'三会'有机统一"的中国特色现代国企治理制度。具体来说，国企内部的党委会、工会、职工代表大会"三会"主要针对人（包括企业的员工，特别是经营者），其任务是保证国有企业承担前述的经济、社会和政治三大责任；国企内部的股东大会、董事会和监事会"三会"主要针对事（企业的具体业务），其任务是保证国有企业有效地发挥前述的充当市场竞争主体、行业发展的引领、宏观调控的工具和公共产品提供的主力等四个职能。

要完善中国国企的现代企业制度，实现所有权和经营权的分离。

"双向进入、交叉任职"的核心是党委书记与公司治理结构的结合问题。在具体实践中，党委书记在企业中的职务配置有多种形式，最常见的是以下两种模式：一种模式是企业主要负责人实行"一肩挑"，党委书记兼任董事长或总经理（不设董事会的国有企业）；另一种模式是党委书记与董事长或总经理分设。还可能有一种模式，就是党委书记和董事长交叉任职，基层就是厂长兼任党委副书记，党委书记兼任副厂长。

第一种模式虽可有效保证企业党组织参与重大问题决策，但极易导致党组织监督制约相对弱化，能否充分发扬民主，坚持集体决策，实现组织参与，更多取决于企业主要负责人的个体素质。第二种模式虽然可以有效实现分权制衡，但容易产生矛盾分歧，增加协调难度，降低决策效率。

因此，现阶段，企业党组织与公司治理结构工作职能的结合方式应因企制宜、合理配备，重点把握好三个方面：一是根据企业的股权结构，最大限度提高交叉任职比例；二是最大限度强化党组织对董事会提名、薪酬与考核、审计等专门委员会的领导与指导作用；三是最大限度做好党委成员与董事会、经理层成员的分工对接。

（2）在工作机构上整合

建立健全企业党组织机构设置是党组织开展工作、发挥作用的重要基础。企业党组织应遵循"融入中心做工作、进入管理起作用"的基本思路，按照精简、高效、协调原则，尽可能地将工作机构与公司治理结构进行整合。

在规模较大、员工较多的企业，可以分设一部分党组织工作机构，保持一定数量的专职党务工作人员。对工作性质和工作内容相近的党务工作机构和生产经营管理机构，可以合署办公，一套机构、两块牌子、双重职能，既可以降低运营成本，提高工作效率，又可以从组织上解决党政"两张皮"的问题，使企业党组织职能部门与董事会、经理层、监事会的工作机构有机融合。

（3）在工作理念上融合

实现理念融合，要求企业党组织与董事会、经理层、监事会的相关人员必须牢固树立六种理念。

一要树立目标一致的理念。企业党组织与董事会、经理层、监事会在企业中虽然充当不同角色、承担不同责任、发挥不同作用，但其最终目标是一致的，即促进企业科学发展。

二要树立相互尊重、相互支持、相互配合的理念。企业党组织与董事会、经理层、监事会在共同的目标下发挥作用、行使职能，在工作中只有相互尊重、相互支持、相互配合，才能形成推动企业发展的强大的工作合力。

三要树立"全面履职，不缺位、不越位"的理念。企业党组织成员既要积极参与企业重大问题的决策，认真履行好各项职责，同时，也要积极支持董事会、经理层、监事会依法行使职权，充分调动他们的积极性，为他们正常开展工作创造宽松、和谐的环境。

从有利于各负其责、有效制衡的要求出发，实行董事会与总经理分设的制度。为从组织上保证党组织的政治核心地位，公司在领导体制上实行"双向进入、交叉任职"，党委委员按照工作需要进入董事会和经营班子，董事长、总经理都是党委委员，董事长由党委书记出任，总经理是副董事长、党委副书记；工会主席既是党委委员，又作为职工代表进入监事会；纪委书记列席董事会；党的组织机构以及工会也同步设置到位。董事会为公司决策机构，负责公司的发展战略研究，对经营范围内的国有资产负有保值增值的责任；以总经理为首的经营班子根据董事会授权，负责日常经营、管理的指挥；监事会作为监督机构，依法对国有资产保值增值实施监督，保障所有者、经营者和劳动者的合法权益；党组织作为企业的政治核心，参与企业重大问题决策，负有"保证、监督"的责任。实践证明，这种组织结构有很多好处：一是法人治理结构之间，常委会、职代会与法人治理结构之间相互支持、协调运转；二是有利于董事会、经理班子、党组织各负其责，集中精力做自己的事；三是既借鉴了国际上企业领导体制的有益经验，又坚持了"中国特色"；四是开辟了监督和制衡的多种渠道，便于发挥党组织在企业中的政治核心作用。

四要牢固树立双重责任、双重使命的理念。企业党组织与董事会、经理层、监事会在工作职能和工作机构融合以后，许多人身兼两职、身负双责，一定要强化"双责"观念。要通过思想理念上的融合，真正形成党组织与董事会、经理层、监事会相互支持、相互配合、运转协调的新格局。

五要正确处理各方面的关系，提高法人治理结构的整体效能。要保证企业法人治理结构规范运作，还必须根据企业领导体制的新变化，正确处理多方面的关系。在实践中，我们坚持做到：思想上共识，形成同频共振的合力；工作上共为，创造合作共进的局面；行为上共约，塑造严于律己的形象，并着力把握好两个关系。一是法人治理结构与党组织的关系。党组织在法人治理结构中的作用主要体现在：保证企业的社会主义方向，保证政府决策的贯彻执行，保证各级组织和各级干部行为规范。公司党委以创机制、上规范为重点，努力围绕一个中心（经济建设），发挥一个作用（政治核心作用），强化一个职责（参与企业重大问题决策），推进四项工作（党的建设、党风廉政建设、精神文明建设、职工民主管理），探索出与现代企业制度基本相适应的党建工作新路子。二是董事会与经理班子的关系。董事会管"长"不管"短"，即管企业发展战略和中长期规划，短期工作目标由经营班子制定并完成；管"大"不管"小"，即管重大建设项目、重大投融资活动、重大生产经营问题，日常经营管理则由经营班子负责；管"高"不管"低"，即管重大组织结构调整及行政正职，一般组织机构调整、行政副职则由经营班子管理。在工作运行上，董事长参加经理办公会，了解、掌握董事会决策执行情况，但不干预总经理的工作。总经理以副董事长的身份参与董事会决策，并按董事会决策处理日常工作。

六要构筑惩防体系,把党的纪律作风优势转化为实现国有企业科学发展的控制力。国有企业党组织具有无法比拟的纪律作风优势。把党的纪律作风优势转化为实现国有企业科学发展的控制力,关键是要以完善惩治和预防腐败体系为重点,全面落实党风廉政建设责任制,切实加强反腐倡廉建设,加大国有企业管控力度,切实管住人、管住权、管住钱。

建立现代企业制度,在法人治理结构方面,体现国有企业的政治、经济、社会责任,要党管企业,此外,党管企业要和政企分开有机结合,对立统一。

五、政商关系的变化

党的十八大以来,我国政商关系所处的内外环境发生了重大改变:一是市场将代替政府对资源配置起决定作用,政府的"手"将被"三个清单"关进制度的笼子里;二是反腐肃贪工作不断推向深入,官商"勾肩搭背"政治风险不断加大;三是关系型社会向法治型社会转型,出门靠朋友、办事靠关系的传统路径存在巨大法律风险;四是社会主义核心价值体系建设工程已全面铺开,公平、正义等价值观念逐渐成为社会普世价值;五是利为民所谋将成为官员普适行为,对官员的监督将越来越严;六是大数据时代数以亿计的移动终端使搞潜规则"无论潜得多么深,总有暴露的一天"。上述这些变化标志着国家治理体系开始迈向现代化,传统政商关系面临重大转变。

1. 扬弃传统政商关系

建立新型政商关系,不是全盘否定传统政商关系,否则就无法解释改革开放以来我国经济社会取得的巨大成就；而是要去除其中不健康的因素，最终建立一种边界清晰、权责分明、交往规范、监督有效、参与有序、激励有为、合作共荣的新型政商关系。

边界清晰，即界定清楚政府（官员、公权力）与市场（企业、企业家）的活动范围，设置负面清单限定政府的活动边界；明晰中央国有企业和地方国有企业的活动范围，防止垄断和不正当竞争，落实民营企业平等待遇。

权责分明，即设置权力清单把公权力关进制度笼子里以落实企业权利，设置责任清单使政府保护企业权益，设置惩戒制度追究企业社会责任。中央政府与地方政府，以及政府各个部门要实现对企业责权利的一体化保护。

交往规范，即改变对政府与企业，特别是官员和企业家之间的交往无章可循、事后追究的状况，对政商交往设置明文通则和分类细则，规范政商交往行为，防止交往变为勾结、交谊变为交易。

监督有效，即完善对政府的监督机制，保持政府对市场的敬畏、公仆对主人的敬畏、权力对责任的敬畏；要完善对企业经营行为的监督机制，要算宏观账、生态账、社会账和道德账；要完善对政商交往的监督机制，防止权力设租寻租。

参与有序，即推进协商民主广泛多层制度化发展，扩大公民和企业家有序参与决策的渠道，践行法由下立、政由民生的立法精神，实现科学立法，从源头上保证政府和企业遵法、信法、守法、用法。

激励有为，即针对现阶段出现的政府不作为、不积极作为和企业"小富即安"现象，设计更科学的激励机制继续发挥政府和企业两方的积极性，引导官员奋发有为，激励企业家"富而思进"，以保证经济社会发展"稳中有进"。

合作共荣，即通过政府服务企业、企业回报社会的合作模式，实现双方之间的共同发展、共同繁荣。如果政商各安其位，各守其责，规范交往，完全可以达到良性合作、精诚团结、荣辱与共、各有发展的目标。

2. 政商关系面临重大转变

建立新型政商关系，从根本上说，就是要从传统的"寻找关系、建立关系、维护关系、利用关系、发展关系"的关系型政商行为模式，转型为"寻找制度、学习制度、利用制度、参与制度修订、监督制度执行"的法治型政商行为模式，主要体现在以下几方面：

其一，在政府与市场的关系上，一是市场的活动范围决定政府的活动范围；政府活动要严格限定在市场失灵范围内，不可以人为地阻碍或代替市场发挥作用，政府规模取决于市场需要。二是培育市场和维护市场秩序是政府最基础性的工作，其他工作只能建立其上，而不是凌驾其上。因为只要市场发育好了，政府就能事半功倍；反之，则事倍功半。三是政府发挥作用要借用市场机制，主要依靠经济手段、法律手段而不是行政手段。

其二，在政府与企业的关系上，一是在政府与企业的主从关系上，企业是"主"，政府是"仆"，政府要为企业服务而不是相反。二是在政府机构和办事规则设置上，出发点应站在方便为企业服务而不是方便政府管理。三是政府履行职能，除特定情形外，都要通过企业来进行，政府不能直接参与经济活动。四是政府不能直接干预企业，只能引导市场，再由市场来引导企业。五是为企业营造良好的经营环境和排忧解难是政府服务经济工作的归宿。

其三，在官员与商人的关系上，一是商人作为纳税人，是官员的服务对象，官员要从"上帝"还原为"公仆"，"下基层、接地气"将代替"等客上门"，成为官员行为通则。二是商人有权利通过法定渠道参加与自身利益相关的政策和法律制定，官员再也不能通过"法由部门立"来为自己"设租"。三是商人有权利通过法定渠道监督官员行政，政务公开将极大地压缩官员通过差别服务和选择性执法为自身"设租"的空间，对所有企业服务"等距离"将成为政务公理。

其四，在商人与商人的关系上，一是作为裁判员，政府严守中立，不再介入商人与商人之间的竞争。二是以"红顶商人"为代表的官商将一去不复返，所有商人在法律和政府服务面前一律平等。三是商人之间的竞争不靠关系靠实力，在市场竞争中，优胜劣汰。

其五，在劳资关系上，一是政府立场要中立，既不能完全偏向老板一边，也不能完全偏向劳方，"把蛋糕做大"是政府立场之所在；二是政府政策要中性，在劳资纠纷中，作为裁判员，对事不对人，一切依法律和合同来裁定；三是在劳资谈判中，政府的职责不是参与谈判，而是为谈判提供便利和法律服务，政府的意志与谈判结果无关；四是政府服务于民生和弱势群体，一般通过职业培训、就业服务等间接手段来施行，特殊情形下，需要企业做出牺牲的应该给予等额补偿。

3. 新型政商关系催生"行为革命"

建立新型政商关系，对官员来说无异于一场"行为革命"：一是在取消和下放审批以后要从事前监管走向事中、事后监管，这对官员能力提出了更高要求，许多官员将面临"本领恐慌"问题。二是在权力关进制度笼子以后要从人治走向法治，官员们不仅从政法律风险增大,还将面临如何依法行政的问题。三是对许多官员来说,要从过去"等别人上门"走向"上门服务",这是一场真正的"行为革命"。四是在新形势下如何把握"工作联系等距离,企业服务零距离,私人交往远距离"的分寸,做到"常在河边走,保证不湿鞋",这是一个很大的挑战。

建立新型政商关系,对商人来说也不亚于一场"行为革命":一是从"赚钱凭关系"走向"赚钱靠本事",一些商人将面临"实力恐慌"问题。二是从"赚钱找政府"走向"赚钱找市场",一些商人将面临"市场恐慌"问题。三是从过去潜规则式交往走向明规则交往,一些商人需要重新学习如何"走前门"与政府、与官员打交道。四是从过去"向政府要政策"走向"向政府要安全要公平要规则",商人将面临如何参与法律制定、监督政府依法行政和公正司法并依法经营的问题。

建立新型政商关系,工商联的作用不是减轻了而是加重了。一是在工作方法上主要依托制度安排来开展联络和协调工作,把办事规则制度化。二是在工作机制上要探索建立正式机制或平台,帮助政商之间实现"前门"交往和"台面上"联络,实现政商交往阳光化。三是在工作重点上要抓好引导会员参与立法协商和规则制定、监督依法行政及公正司法的工作,帮助会员学会用法律来表达和实现利益诉求。

4. 新型政商关系与思维创新

要实现上述"行为革命"的胜利,对官员来说要树立四个意识:一是要有群众意识,真正的英雄是人民群众,而不是某个"神",高明的思路永远不是闭门造车造出来的,而是深入人民群众、从人民群众身上学习到的。二是要有服务意识，政府管理的实质是服务而不是管钱管物管人，服务态度没有最好只有更好，服务距离不是靠近而是更近，服务效果没有满意只有更满意。三是要有法治意识，法无许可不可行，法有责任必须行，依法行政，唯法是举。四是要有风险意识，做官是"高风险"职业，要想人不知除非己莫为，"吃拿卡要"总有一天会被抓；"世上没有免费的午餐"，官商交往时要始终高筑拒腐防线。

建立新型政商关系，对商人来说要树立五种思维：一是要树立法治思维，依法经商、按规则办事是最高原则和根本指针。二是要树立新常态思维，转型升级主要靠自己，依赖政府是不行的，找门路不如找出路。三是要有主人翁意识和阶层意识，主动参与规则制定，自觉维护阶层形象，成为守法公民。四是要有公平竞争意识，自觉遵循市场规则，把练好内功放在首位。五是要有社会责任意识，克服机会主义倾向，不做行贿者。

在党领导下的法人治理结构中，不管总法律顾问处于什么样的角色地位，前提是都必须服从党的领导。法律属于上层建筑的领域，与政治关系最为密切，是贯彻落实党的方针政策的最有效途径之一，党的方针政策是我国法律的渊源，贯彻落实法律和执行党的方针政策是一致的、统一的，是相成相辅、相得益彰的。

第二章
合规是永恒的主题

一、合规将是企业的第一道防火墙

合规管理是指企业通过制定合规政策,按照外部法规的要求统一制定并持续修改内部规范,监督内部规范的执行,以实现增强内部控制,对违规行为进行持续监测、识别、预警、防范、控制、化解合规风险的一整套管理活动和机制。2017年3月31日在深圳举办的第九届中国企业合规论坛上,来自国有、民营和外资企业的资深合规官、政府领导与专家学者齐聚一堂,以"准确识别合规风险,提升合规管理有效性"为题,从不同的视角发表了诸多深刻而有实质的见解。有人概括企业管理三大支柱是财务管理、业务管理、合规管理,只有遵循"三大管理",才能确保企业的所有决策、经营、管理行为都符合法律法规的规范、不违背基本的社会伦理道德。

笔者认为,中国的国企还应有第四大支柱,即党的领导,这是中国与其他国家不同的地方,也是中国合规管理的特色。理由如下:

首先,国企是党领导下的特色法人治理结构,有政治责任、经济责任和社会责任,必须贯彻党的方针政策。

其次,国外企业的合规,指的是符合法律法规和企业制度两大项；中国的国企，除这两项规定外，还有很重要的一项就是遵守党的纪律规定。

再次，国企的合规部门，如组织部门、纪检监察部门、宣传部门也是合规管理、组织、宣传、调查、处理的重要部门。

另外，各部门的合规侧重点也不同，法务部门侧重于法律，内控部门侧重于制度，纪检监察部门侧重于党纪，业务部门侧重于自己管理的具体工作。

所以，中国国企的合规管理既要吸收国外企业的优点和好的经验，更要走自己的特色道路。

西方世界呈现出愈发明显的反全球化、逆全球化趋势，贸易保护主义有所抬头。2017年，特朗普宣布美国退出《跨太平洋伙伴关系协定》(TPP)，英国正式启动脱欧程序，更是进一步促使趋势转化为现实。

与此形成鲜明对比的是，中国领导人在不同的场合都反复强调经济全球化的重要性。李克强总理在访问澳大利亚与新西兰时就明确表示："我们要携手推动全球贸易自由化、便利化。经济全球化有利于深化国际分工、提高生产效率、扩大市场规模，进而推动经济增长，符合各国的根本利益，是不可逆转的历史潮流。"

中国已然意识到，去全球化不但没有前途，反而会导致世界经济的倒退。孤立主义和贸易保护主义所触发的连锁反应，不仅会破坏业已形成的国际分工体系，引发贸易战，而且很可能造成严重的社会动荡与政治危机。出口导向型经济体更是首当其冲。一些发达国家借投资审查的机会频频对他国正常的投资行为加以干扰，即使是中国也难以幸免。

中国设备制造商格力电器集团同意支付由美国消费品安全委

员会（CPSC）开出的1545万美元罚单。根据美国联邦法律，格力股份有限公司及旗下子公司"没有在规定的时间里向CPSC报告在其销售的13个子品牌的除湿器存在产品缺陷和引发重大伤害的风险"。格力集团在中国日报网给出的解释是因为其对美国法律缺少深入的了解，并非故意违反当地法律。应CPSC要求，除了缴纳民事罚款外，格力已同意开展一个项目以确保符合美国消费品安全法（CPSA）和内部控制程序的相关制度。

中国的企业在实施国际化战略的时候，一定要重视合规管理、合规经营的问题。合规经营通常包括三层含义：其一，遵守法律法规，包括国际规则和契约、公司总部所在国（母国）和经营所在国（东道国）的法律法规及监管规定。其二，遵守行规和社会主流价值观。其三，遵守企业商业行为准则，员工重视职业操守和道德规范。现代企业经营环境越来越复杂、变化越来越快速，合规、内控和案件防范已成为企业管理层必须正确面对的问题和挑战。从理论上说，合规管理属于"防患于未然"和"化险为夷"层面的问题。不合规的风险，指的是企业因没有遵循法律、法规和准则而可能遭受的法律制裁、监管处罚、重大财务损失和声誉损失等。

尽管中国企业已经开始重视合规管理问题，但大部分企业并没有真正形成自己的合规体系，所谓"合规"依然停留在表面。许多中国企业的合规管理是高管层分管制度，由于高管层不重视，出现了"合规经营工具化"现象：高管更关注业务发展和规模扩张。因此，如果一项投资、业务活动不合规，为了发展，高管会将合规问题高高挂起；如果一项投资或者业务高管不愿意做，就会把合规挺在前面，以不合规为借口否决。

面对一个亟待从失序中走出来的世界，中国正积极呼吁推动建设以合作共赢为核心的新型国际关系，打造人类命运共同体，并着力建设更加紧密的全球伙伴关系网；世界亦对中国促进全球化抱有殷切期盼。

欲实现远大目标，中国迫切需要在多元化价值观的前提下凝聚一种具有普世性的共识，并形成一以贯之的行为准则，而经济交往中的企业合规管理无疑能得到多数国家的首肯。

第九届中国企业合规论坛提出：合规管理为中国"健体护身"。中国企业联合会常务副会长兼理事长朱宏任在发言中将合规的重要性提升至国家战略层面，认为合规不仅是联合国倡导的全球契约的延伸，也是现行国际经济秩序的有机组成部分。在中国捍卫全球化原则的过程中，通过合规的推进来表明中国是高标准国际规则的实践者，愿意承担应尽的国际义务，参与公正合理的国际新秩序构建；也可以通过合规的实施，形成与国际接轨的市场环境。

朱宏任指出，中国已由资本的净输入国逐步转变为资本的净输出国，其面向的对象既包括先进的发达国家，也有需要中国投资的发展中国家。合规管理既可成为中国企业的核心竞争力，也是中国保护自身权益的必要手段；不仅"健体"，而且"护身"。

在微观方面，国内外企业合规意识不断强化。如今，越来越多的中国企业致力于通过国际贸易与跨国投资成为全球性公司。与此同时，国际竞争方式与规则也在悄然变化，无论是走出国门的中国企业还是在华的外资企业，它们所面临的合规风险都比以往更甚。长期深耕跨国公司合规文化的北京新世纪跨国公司研究所所长、联合国全球契约组织第十项原则专家组成员王志乐由此感悟道，中国企业正逐步从"别人要我合规"向"我要主动合规"的阶段过渡。这种向善的动力，除了出于企业自身可持续发展的良好愿景外，也来自外在的压力，例如，各国政府监管加强、国际组织和非政府组织的大力推动。

国际化企业越来越强调遵守法律规章、职业操守以及道德规范，可谓是公司发展的必然；不光是在企业的母国，还有它的经营所在国——王志乐称之为"全球责任"，与跨国公司的规格相匹配。

在中观方面，政府牵头合规体系建设积极引导企业。亲临合规标准落地第一线的深圳海关企业管理处、海关总署企业管理专家张大春，对王志乐所言深有感触：只有企业家合规的自主性被调动起来，才能与政府的意志形成正向的合力。尤其是海关的管理，更需要企业的配合。

可问题也随之而来，企业该怎么规范？怎么配合？以前，由于缺乏指导性文件，企业守法需要付出大量的实践成本，其所获得的效益却模棱两可，正因为存在这样的痛点，以致不少企业望而却步。

在这个方面，美国政府先走了一步。美国安然公司因信用危机破产后，社会才更为迫切地要求上市公司严格遵守相关法律规范。在这个领域中，最具意义的规定是由两位国会议员——参议员保罗·萨班斯以及麦克奥克斯利在2001年推进的《萨班斯-奥克斯利法案》，这项法案最具积极意义的地方在于更加严格地定义了公司高级管理层对于财务审计报告的精确性并且要求其承担相应的个人责任。至此，"合规"才真正从金融机构风险管理中独立出来成为一项专门管理活动。

2004年美国的COSO发布了《企业风险管理——整合框架》，认为"合规"具体指"须致力于遵循企业主体适用的法律和法规"。2005年4月，巴塞尔银行监管委员会发布了《合规与银行内部合规部门》高级文件。该文件虽未对"合规"概念进行直接的规定，但从其对"合规风险"的定义中可知,其将"合规"界定为"遵循法律、监管规定、规则、自律性组织制定的有关准则,以及适用银行自身业务活动的行为准则"。

合规大致有以下三种类型:一是使公司经营活动与法律、管治及内部规则保持一致(瑞士银行家协会);二是与目标连用,具体指必须致力于遵守企业主体所适用的法律法规;三是"代表管理层独立监督核心流程和相关政策和流程,确保银行在形式和精神上遵守行业特定法律法规,维护银行声誉"(荷兰银行)。2006年10月我国银监会发布的《商业银行合规风险管理指引》指出,商业银行"合规"是指商业银行的经营活动与适用于银行业经营活动的法律、行政法规、部门规章及其他规范性文件、经营规则、自律性组织的行为准则、行为守则和职业操守相一致。

合规的定义有狭义和广义之分,狭义的合规仅指外部合规,即企业经营必须遵守其外部的法律规定,包括宪法、法律、行政法规及规章等一切具有效力的规范性法律文件的规定;广义的合规除包括外部合规外,还包括内部合规,即各职能部门及员工应遵守企业内部规章制度。

可见,对于"合规"的界定主要分为三个层次:①国家颁布的法律与政令;②企业自身制定的共同体规则、协定;③自由市场所要求的一般性行为规范,如诚实信用、职业道德等。

二、防范合规风险

合规风险是一个刚刚从金融操作风险中剥离出来的概念,指因公司或其工作人员的经营管理或执业行为违反法律、法规或准则而使公司受到法律制裁、被采取监管措施、遭受财产损失或声誉损失的风险。合规风险是法律风险、市场风险、信用风险、流动性风险特别是操作风险存在和表现的诱因。

合规是一个企业长期稳定发展的基石。一个企业无论曾经获得多高的利润,有多大的社会影响,在业内占有多么重要的地位,一旦出现了合规问题,企业就很可能受到监管者的处罚、法律的制裁,与此同时,其必将面临企业的信誉危机,苦心经营、点滴累积起来的商业信誉可能瞬间垮塌,曾经的努力都会化为乌有。商誉的建立谈何容易,而毁掉却似乎只在弹指之间。企业的合规风险给企业带来的打击无疑是致命的,同时也是难以弥补甚至是无法弥补的。而企业合规管理的目的恰恰是试图建立一套机制,使企业能够满足监管要求,有效的识别、评估、监测合规风险,主动地去防范、避免违法、违规行为的发生,从而免受法律的制裁,抑或是经济、信誉等方面的损失,实现企业合规经营和企业的可持续发展。

2012年,汇丰银行因违反美国反洗钱法规和关于制裁和禁运(Sanctions and Embargos)的法规,向美国政府缴纳了破纪录的19亿美元罚金。这一处罚影响深远,一方面美国政府通过史无前例的罚金数字向全世界表明了对反洗钱违规的执法决心;另一方面,调查揭露了汇丰银行在墨西哥触目惊心的反洗钱违规,汇丰银行几乎沦为贩毒集团帮凶,也对全球银行业敲响了警钟。享誉世界的汇丰银行尚且如此,其他银行更是不可想象。从这一事件开始,各国际银行开始空前地重视和发展内部的反洗钱合规,并逐渐改变了开展业务的方式,其深远的影响力至今还能感受到。

美国政府的调查还显示,汇丰美国存在着严重的合规人员配备不足的现象,不仅许多重要位置的高管缺位,而且许多合规人员负责审查的交易数量远超其合理的工作量。

汇丰银行内部缺乏有效的沟通机制。许多关于汇丰墨西哥的问题都上报给了汇丰总行，但是汇丰内部却没有一个机制能够及时通知重要的第三方：汇丰美国，这也导致汇丰美国对汇丰墨西哥的真实情况和问题不甚了解。

《一个合规事件的罚单究竟可以有多大？》中提出：对于跨国金融机构来说，监管机构对于一个违规事件的罚单足可以将其倾家荡产。那么，一个合规事件的罚单究竟可以有多大？一千万美元？一亿美元？十亿美元？以下案例全程记录了史上最大合规罚单的产生始末。

法国巴黎银行（BNP PARIBAS）因违反美国经济制裁的规定，2014年被美国政府重罚89亿美元，这堪称史上最大的罚单。通过这个案例来讨论对于跨国企业，尤其是跨国金融机构来说，国际经济制裁的合规具体意味着什么，以及美国政府的制裁措施对跨国企业的具体影响。之后，大家对国际经济制裁的合规应该会有一个比较感性的认识。

根据巴黎银行的认罪协议，2002—2012年这十年间，巴黎银行为受美国制裁的苏丹、伊朗和古巴的政府及公司违法处理了高达1900亿美元的资金。在处理这些资金的过程中，巴黎银行明知相关交易将违反美国经济制裁法规，却明知故犯，从高层往下，制订并实施了一整套逃避美国金融监管机构监督的方案，包括隐藏交易真实背景和真实参与者、使用虚假交易作掩护等，堪称"性质恶劣，影响极坏"。

因此，美国政府铁了心要严惩巴黎银行。此前，渣打银行和汇丰银行虽然都因为涉及洗钱犯罪及违反经济制裁法规被美国政府指控，但最后都通过认缴巨额罚金与美国政府达成了和解协议，没有被定罪。但这次不同，巴黎银行最终不得不同意认罪，方才了结此案。这是第一个金融机构因为违反美国经济制裁法规，被认定为构成犯罪。

政府对巴黎银行开出了 89 亿美元的天价罚单（包括没收财产以及刑事罚金），这是美国有史以来在刑事案件上所判处的最高罚金。我们天天念叨的美国《反海外腐败法》（简称 FCPA）如何厉害，执法如何严格，各大公司如何闻之色变。可是 FCPA 目前罚金历史记录不过才 8 亿美元，与本案相比，完全是小巫见大巫。

该案的罚金数额，其实在大西洋两岸都引起了不小的争议。在法国人看来，这个数字实在高得离谱，甚至连法国前任总统奥朗德都对此公然表示不满。在 2014 年 6 月与美国前总统奥巴马的会晤中，奥朗德还与美国前总统奥巴马讨论了这个问题，几乎要上升成外交纠纷。但是在美国，很多人却认为这一处罚对巴黎银行实在太过宽宏大量。因为巴黎银行从上到下多名高管参与了故意违反制裁法规，却没有任何高管被追究刑事责任（仅有 13 名高管被辞退），这让许多人愤愤不平。

美国人的说法也许有一定道理，对于巴黎银行来说（巴黎银行规模仅次于汇丰银行和摩根大通），这点钱虽不算少，但也绝对不会伤筋动骨。事实上处罚公布当日，巴黎银行的股票还居然逆势上涨 3.6%，说明投资者对处罚结果还是颇为满意的。

面对巴黎银行肆无忌惮的违规行为，其合规部门并没有尽到他们的职责，虽然合规部门提出过质疑，但没有人选择坚持和真正的抗争。在没有制衡的环境下，巴黎银行的业务部门越来越大胆，最终完全失控。

当笔者阅读巴黎银行认罪协议，读到那些合规官们的邮件时，觉得非常有趣。这其实就是笔者身边很多同事每天都在处理的问题，是他们每天都要面对的压力。同为金融机构的合规官，笔者完全理解他们的处境和面临的压力，也相信他们做出每一个决定时的挣扎。但遗憾的是，他们没有做出正确的选择，而是选择装聋作哑、沉溺一气，甘做"橡皮图章"。

上面提到的通过第三方银行来为制裁对象转移财产，逃避监管，其实巴黎银行的合规部门完全知情，但他们选择了安静地做一个"橡皮图章"。

2005年合规部门就警告"通过区域性银行来为苏丹处理美元交易的行为，完全就是规避美国的制裁规定"。这样的警告在多个场合提出，甚至包括巴黎银行首席运营官参加的一个会议。但是业务部门并不在乎，首席运营官否定了合规部门的反对意见，甚至还要求不得记录会议内容。

但是当这个问题提到更高的层面进行讨论时，合规部门没有选择坚持，而是选择了妥协，同意了继续与苏丹的交易。一位高级合规官在他的邮件中谈道："与相关苏丹客户的关系由来已久，对巴黎银行的业务也至关重要。因此，合规部门不想成为继续发展业务的绊脚石。"

缺乏专业判断、未尽监督职责，显然，合规部门不仅缺乏专业的风险判断能力，还放弃了巴黎银行的合规部门早就提出的与古巴美元业务（如贷款等）有非常大的合规风险，合规部门内部的报告和沟通记录都坦承"巴黎银行确实在系统性地规避美国对古巴制裁的规定"。合规部门曾建议将某一笔交易货币由美元转成欧元或其他货币，但是业务部门的大佬们一算，觉得成本太高、耗时太长，完全不同意这个建议。面对业务部门的不合作，作为一个监督和控制风险的部门，合规部门完全忘记了自己应该关注哪些方面，也放弃了对业务部门活动的制衡。

合规管理事实上是为了实现企业内部控制的目标而实施的一系列合规风险管理措施，其必然融合于企业的内部控制体系之中。同时，企业通过合规管理，合规部门可以对企业管理人员、职工的行为进行合规监督、评估、审查，增强公司的自我约束能力，强化企业的内部治理结构和内部控制，成为健全企业内部控制的重要手段。

1. 合规管理部门的含义

合规管理部门有广义和狭义之分，广义上的合规管理部门是整个企业系统负有履行合规管理职责的各个业务条线与分支机构的统称；狭义的合规管理部门是识别、评估、通报、监控并报告企业合规风险的一个独立的职能部门。关于合规部门的设立，主要有四种模式：单独式、联合式、混合式和分散式。

单独式。设立单独的合规部门承担合规风险管理职责，在合规部门内部设立若干合规风险管理团队，如负责管理制度合规性审核的合规政策团队、负责合规风险监测和评估的检测团队、负责保持与监管机构联系的监管关系维护团队。该模式，上海浦东发展银行比较典型。

联合式。设立法律合规部统一管理法律风险和合规风险，在负责合规风险管理的团队中再设置相应的岗位，具体负责合规风险管理事务。如中国民生银行在总行设立法律与合规事务部，统一管理法律风险和合规风险；其内部分设法律事务中心、合规管理中心等团队；合规管理中心又设置批发业务合规岗、零售业务合规岗、金融交易合规岗、管理协作岗等岗位。

混合式。即由一个部门（如风险管理部）集中管理企业面临的不同风险，如市场风险、法律风险、会计风险等。在该部门内部，又设置不同专业团队，如银行业的风险管理部下设法律合规、授信评审、资产监控团队，承担相应管理职责。这种模式，被一些小型商业银行或股份制商业银行的部分分行所采用。

分散式。即指定现有多个部门共同承担合规管理职能而形成的虚拟型合规部门，也即广义上的合规部门。它并没有一个具体、完整的形态。

2. 合规管理部门的职责

巴塞尔银行监管委员会在《合规与银行内部合规部门》中列举了合规部门的六项主要职责：一是建议职责。合规部门应该对合规法律、规则和准则充分了解吸收，向高级管理层提出建议，包括随时向高级管理层报告该领域的发展情况。二是指导和教育职责。合规部门应协助高级管理层，就合规问题对员工进行教育，并成为员工咨询有关合规问题的内部联络部门。通过政策、程序以及诸如合规手册、内部行为准则和各项操作指引等文件，为员工恰当执行合规法律、规则和准则提供书面指引。三是识别、量化、评估合规风险的职责。运用各种专业技术方法及早识别合规风险，并对其进行量化、评估，定期向管理层提交合规报告。四是监测、测试和报告合规风险的职责，包括事前、事中、事后全过程。五是履行法定责任和对外联络的职责。合规部门是和监管部门对接的唯一部门，负责协调监管机构与公司之间的联系。六是制订合规方案的职责。合规方案确定了合规部门的行动计划，如具体政策和程序的实施与评审、合规风险评估、合规测试等。合规方案应以合规风险为本，并受到合规负责人的监督，以确保对不同事业部的适当覆盖以及各合规风险管理部门之间的协调。以此为蓝本，我国银行业、保险业、证券业也出台了相关规定，将合规部门的职责进一步细化。

整体来看，合规部门的职责可归纳如下：

合规管理部门应在合规负责人的管理下协助高级管理层有效识别和管理商业银行所面临的合规风险，并履行以下基本职责：①政策跟踪与解读。持续关注法律、规则和准则的最新发展，正确理解法律、规则和准则的规定及其精神，准确把握法律、规则和准则对商业银行经营的影响，为公司依法开展业务提供参考意见。②制订合规管理计划。即制订并执行风险为本的合规管理计划，包括特定政策和程序的实施与评价、合规风险评估、合规性测试、合规培训与教育等。③合规性审查。对公司内部管理制度、重大决策、新产品、新业务及重要业务活动等进行合规审查，对公司对外签署的合同进行合规性审查，对合规风险进行识别并提出独立的合规意见。④合规性检查。对公司各部门、分支机构的合规管理的有效性及员工执业行为的合规性进行检查，主动评估和发现合规风险。⑤培训与教育。协助相关培训和教育部门对员工进行合规培训，包括新员工的合规培训，以及所有员工的定期合规培训，并成为员工咨询有关合规问题的内部联络部门。⑥制定合规指南。组织制定合规管理程序以及合规手册、员工行为准则等合规指南,并评估合规管理程序和合规指南的适当性,为员工恰当执行法律、规则和准则提供指导。⑦合规建议及咨询。为公司经营管理层及各部门、分支机构提供合规建议及咨询,并对其经营管理活动的合法合规性进行监督。⑧保持与监管机构日常的工作联系,跟踪和评估监管意见和监管要求的落实情况。⑨董事会确定的其他合规管理职责。

三、合规管理的体系与流程

1. 合规管理对象

合规管理的主要对象包括以下几类:公司业务中的合规风险,机构设立、变更、合并、撤销、并购、战略合作过程中的风险,担保、投资和公司资金运用的风险,专利、非专利技术、商标、商号等知识产权保护和运作中的风险,涉及不正当竞争、限制竞争或垄断等市场竞争方面的风险,董事会、监事会、高级管理层作出的公司内部决策、管理制度等在执行方面的风险,公司在劳动保障、环境保护、安全生产力方面的风险,公司在执行行业规制规定或商业伦理方面的风险,经济犯罪方面的风险。

2. 合规管理措施与流程

(1) 合规风险的识别与评估(报告)

合规风险的识别,是企业对其内部的某机构、员工、行为是否存在或发生合规风险的可能性以及合规风险产生的原因进行分析判断,以便对合规风险进行评估、监测和控制的系统性活动。合规风险的识别,是指在合规风险识别的基础上,应用一定的方法估计和测定某机构、员工、行为发生合规风险的概率和损失大小,以及对企业整体运营产生影响的程度,从而决定如何采取预防、化解等控制措施的系统性活动。合规风险评估的体系主要包括评估的内容、评估的方式、评估的标准、评估报告的路径等。合规风险的识别和评估是企业合规风险管理的前提和基础,是企业正确分析和把握合规内容的重要手段。

合规风险的识别和评估步骤一般包括:①收集企业所有的合规风险点;②形成合规风险列表;③分析合规风险形成或者产生的原因;④对合规风险进行"高、中、低"分类;⑤合规风险测试;⑥形成整体的合规风险评估报告并进行预警提示。

(2)合规审查

合规审查是指合规风险审查,是指为掌握企业各单位(包括各管理部门、各业务条线、各分公司)对法律、法规、规则和准则等合规依据的遵循情况,以及企业合规风险管理机制的实际运作及其有效性等情况,由合规风险管理部门对各单位的经营管理行为的合规性所进行的检验和评估。合规性检查的重点在于检查各项合规风险控制是否正常执行。目前,我国合规审查尚处探索的起步阶段,各企业的着力点也不尽相同。

第一,合规审查的范围。主要包括新制度的审查及修订,新产品、新业务的审查,重大决策的审查,合规负责人的其他合规审核。

第二,合规审查的方式与流程。合规检查的方式包括日常监控和专项检查两种。所谓日常监控,是指合规风险管理部门通过风险管理系统,发现合规性问题并及时提出管理建议的一种日常监督检查方式;所谓专项检查,是指合规风险管理部门按照规定的程序对被检查单位的合规风险管理状况、各项业务的合规性等进行专门性检查工作。专项检查又可分为现场检查和非现场检查两种方式。现场检查，是指合规风险管理部根据合规风险管理或者业务经营管理的需要，到被检查单位进行实地详细检查的工作方式；非现场检查，是指合规风险管理部门通过要求被检查单位报送各种资料或者运用计算机等工具，对各种经营管理信息进行合规性分析来发现合规风险点的工作方式。

合规检查的流程主要包括检查前的准备，包括收集研究信息，开展异动分析；组织检查组，进行人员分工；检查组制订现场检查实施方案；制订待查岗位检查预案；制定《合规检查通知书》；现场检查的实施；撰写提交检查报告。

第三，合规风险审查的对象。合规风险审查的对象应是企业内部各经营管理机构，审查事项是规章制度的执行情况，主要包括经营管理活动的规章制度建设情况；合规风险管理与合规风险控制政策、措施、资源配置是否充分、适当；合规风险管理政策、制度的贯彻落实、合规风险管理计划的实施状况，以及在实现合规风险管理与控制目标方面的进展情况；员工能否正确理解和把握法律、法规、规则和准则的相关内容；当有关法律、法规等规范性制度发生变化时，是否及时修订和完善已制定的各项管理制度、操作规程及实施细则；发现违规操作或可疑交易等合规风险问题时，是否及时上报并采取适当处置和纠正措施；按规定应该接受合规风险审核的事项是否进行了审核；合规部门的合规风险审核、合规风险咨询、合规风险提示等合规风险管理意见是否得到遵守和执行；各类违规问题是否得到有效的整改。

《成功的案例：西门子合规体系——防范—监察—应对及持续改进》

诞生于1847年的西门子如今已走过170多个年头，这家从电报技术起家的电气公司历经两次世界大战却不断壮大，成为全球电子电气工程领域的领军者，如今更是"道琼斯可持续发展指数"排行榜上的"常客"。西门子曾连续两年荣登工业产品与服务行业榜首，连续6次成为行业内最佳可持续发展公司并被评为行业超级领袖，其中"合规"类别连续5年保持最高分。

然而，令人无法置信的是，如此充满生命力的企业却曾因一次贿赂丑闻而陷入生死危机，命悬一线。意料之中也是意料之外，合规管理成为西门子度过这次危机的"救命稻草"。西门子不但借此绝处逢生，而且成为在合规方面做得最出色的公司之一，从此走上了一条更加"安全健康"的可持续发展之路。

2006年可以说是西门子史上最黯淡又极具分水岭意义的一年。

由于卷入腐败丑闻，这年6月的一天，位于德国慕尼黑的西门子总部遭到联邦警察的全面包围，警察和检察官对西门子进行了突击检查，并带走了大量机器设备和文件。

作为世界电子电气工程领域的巨头，西门子的腐败丑闻迅速登上全球各大媒体头条，历时150多年建立起来的商业信誉和形象毁于一旦。西门子也面临着禁止投标、上亿欧元的罚款、持续数年的法律诉讼、对声誉和业务的长期影响等严重后果。其中，最致命后果就是禁止投标。作为全球电气工程大型设备的主要提供商，如果被禁止投标，那西门子基本可以关门大吉了。

为了避免最坏的后果发生，西门子监事会决定立即行动，实行自救。

西门子自救的第一刀便挥向管理团队。当时西门子监事会主席冯必乐和首席执行官柯菲德相继辞职，约200名高级经理被开除，100多名高层被要求限期交代，积极配合调查才能获得豁免。西门子通过此举向全球所有员工发出一个明确的信号：不合规的行为在公司是绝不允许存在的。

为了取得客观可信的调查结果，西门子耗费巨资聘请外部会计事务所和律师事务所等外部专业机构进驻，开启了德国历史上首次独立调查。这项漫长的调查活动评估了5000多个咨询协议，检查了0.4亿个银行账户报表、1亿份文件、1.27亿次交易，进行了无数内部谈话和调动。"调查的过程非常痛苦，大约1/5的员工在某种程度上介入调查，分散了我们做业务的精力，同时这也是一个非常昂贵的过程。"西门子能源业务领域法律总监、北美及中东地区法律总监Peter Naegele说。截至2008年，西门子付给外部会计事务所和律师事务所的费用高达数亿欧元。

但付出物有所值。通过独立调查和集中管理银行账户等一系列有力措施，西门子在最短的时间内结束了在德国和美国的法律诉讼程序，并首次因为积极合作而被减少了罚款。同时，西门子收获了合规管理体系的完善和合规理念的深入人心。经历了两年的"自我手术"，西门子最终凭着合规的"金钟罩"浴火重生。

四、合规是道路——安全航线保障未来

随着国际市场环境透明度的逐步提高，合规管理已成为很多国际公司实现可持续发展的重要抓手。上面的案例中，西门子作为合规管理方面的优秀企业，也在不断调整优化合规管理，并积极影响合作伙伴，为自己的可持续发展打造一条安全的"航线"。

虽然合规管理曾救企业于危难之中，但是西门子内部对合规管理并不都是支持的声音，因为合规管理使程序更加复杂，对业务部门快速运行造成一定影响。而近几年的财务数据有力地支持了合规管理，在合规管理的护佑下，西门子的业绩保持了稳健增长。

顺应合法合规大势，增强业务核心竞争力，在合规的护佑下，西门子这家百年老店正走得更稳、更远。

当前，国际合规治理出现了新的趋势。首先，各国对合规治理的合作在全球范围得到了加强。行贿"黑名单"作为合规管理的重要工具，已被纳入全球信用管理体系中，并以此作为对企业或对国家的信用评价标准。其次，跨国公司的自律逐渐占据主导地位。发达国家的企业普遍建立自己的合规管理体系，并通过对员工进行商业伦理培训来加强企业的自律行为。最后，打击商业贿赂的需求方措施加强。继美国《反海外腐败法》和《经合组织公约》之后，欧盟和美洲等地建立约束机制应对跨国公司违规经营；《联合国反腐败公约》于 2005 年生效，增强了对商业腐败的打击力度。

在全球加强跨国公司合规治理的大环境下，中国企业走出去更应重视自身的合规管理。应积极借鉴成功跨国公司的合规管理经验，同时结合自身企业特点，建立起高效的合规管理体系。一方面，企

业遵循东道国的法律制度进行合规经营,可以快速得到社会的认同,提高核心竞争力;另一方面,企业加强合规管理能够有效降低违规风险,从长期来看有利于提高企业的声誉,获得消费者的信任。

现在,懂法的人越来越多了,拥有法务团队的企业也越来越多了,可是,企业深陷法律纠纷的事件,为什么没有因此而减少?

现在"合规管理"面临的尴尬现状是,虽然国内、国际社会对于商业活动的监管正日趋严格,但是企业涉嫌贪污舞弊、违反市场公平竞争、背离环境治理标准等行为依然猖獗,受到监管机构严厉处罚、蒙受巨大经济损失的案例层出不穷。

首先,因为大多数企业依然只关注两种管理——财务管理和业务管理,忽视了合规管理,缺乏相关保障机制,一不小心就在经济利益的诱惑面前铤而走险,跌入人财两失的深渊。

其次,合规管理具有复杂性,它是一项整体事务,仅靠《员工行为准则》的禁止条文是远远不够的,需要将内控、法律、纪检监察、财税、信息管理等各方面的风险考虑在内,由高层统筹规划,将合规要求纳入各项具体的业务流程之中。

德勤(中国)的调研报告显示,仅有少数国有企业设置了合规管理的独立部门,其他多为法务部门兼任。民企中涉及合规工作的部门更是五花八门,包括内控管理部、纪检监察部门、风险管理部门、人事部门以及审计部门。

有了法务部门,企业就算是运用了合规管理吗?其实,法律事务只是合规管理中的一项内容。

跨国公司设置首席合规官(CCO)的占比已逼近60%,合规官是一个相对中立的第三方角色,在企业"病"时充当医生,通过帮企业开"处方"来提出解决方法;在企业"未病"时,他是一个"健身教练",督促企业保持健康运营。

通过配置胜任的专业人员,可以强化合规管理的组织保障。明确专业人员的任职资格,则能保障团队的独立性和专业性。企业需要从调研入手,全面梳理自己所面临的风险,了解目前所存在的管理漏洞,汇总整理出具有针对性的合规风险库,同时加强与各业务部门的沟通,最终设置独立、专业的合规管理团队,并明确其职能。

再次,因业务风险不同、合规管理基础不同,企业不能"随大流",而是需要瞄准自己的风险高发区,尤其对于反垄断、反不正当竞争、出口管制、腐败舞弊、税务及BEPS、信息公开等领域,应尽早采取应对举措,在必要时借助专业机构的力量。

在利润诱惑面前,很多企业管理者心中的法律、道德天平往往在顷刻间失衡,游走于危险重重的"灰色地带"。但一旦有了独立的合规部门、定制化的风险准备、健全的合规文化、健全监督和评价体系、信息工具的合理使用,管理者就既能在"弯道超车"中稳住方向盘,又能在日常经营活动中保障企业长远的、持续性发展目标的实现。

五、我国企业合规诉求的路径

中国内控体系建设自2008年大规模在国企和上市公司开展以来,合规一直是企业的诉求,而形式化严重、落地性差是其中的两大弊病。

2008年国家五部委下发《企业内部控制基本规范》和《企业内部控制配套指引》,拉开了我国企业内部控制规范化和体系化建设的序幕。但是,经过几年的内控实践,内部控制形式化、表面化严重,内控体系成为摆设,仅仅用于应对合规检查。

内控不落地的根本原因在建设环节，主要表现在三个方面：以应对合规检查为目的、多管理体系重叠与冲突、生搬硬套内控规范与指引。为避免"合规型内控"的缺陷，只有发挥内控的实际价值，建立"管理型内控"，才能为企业保驾护航。

应该运用内控建设七步法建立"管理型内控"：①全面梳理管理蓝图，搭建内控框架，形成内控视图。基于企业价值链，按照结构化思维梳理分析战略层面、业务层面、职能层面的管理事项，形成管理蓝图。②建立风险数据库。根据公司的愿景、经营目标找到公司的风险领域，分类确定具体风险；对风险发生的可能性及影响程度进行评级，形成风险数据库。③优化流程，标注风险点与控制点。对企业管理事项分类，找到风险点并标注于流程中，形成控制点。④编制风险控制矩阵 RCM。RCM 主要包括控制风险、关键控制活动和相关制度、文档。⑤设计标准化表单。根据 RCM，形成企业内控标准化流程表单。⑥优化内控制度。根据 RCM 评估制度文件的完整性、执行性和控制效率，完善相关管理制度。⑦编制《内控手册》和《内控自评手册》。编制《内控手册》，指导内控执行；编制《内控评价手册》，指导内控评价与整改。

只有建立"管理型内控"，才能避免内控建设与执行、内控执行与审计"两张皮"达到既合规又合体，为企业战略保驾护航。

《合规风险管理不得不防的十大认识陷阱》

陷阱一："出了问题你不担责任。"

在合规与业务产生冲突时，领导说得最多的一句话就是：你提出的风险我们知道了，但我们业务还得做，出了问题你也不用担责任。企业在建构和植入合规管理体系时，需要进行系统地思考：第一，需要更清晰地界定什么是合规，明确合规管理的范围。第二，要在企业内部提升合规部门的地位，将合规部门的权威放在业务领导之上，保持其独立性。第三，规范程序设计。第四，需要良好的合规大环境。企业应从战略层面赋予合规部门清晰的使命、内控框架、角色职能，制定反腐败方面的规则（比如礼品款待、商业合作伙伴合规审批等），并通过培训来宣传这些规则。合规管理部门应具有明确的职责和分工，明确与其他部门的职能定位与交叉，包括法务部、财务部、审计部、纪检部门（国企）及公司内部其他有关部门。合规官是公司利益的捍卫者、合规文化和合规业务的推动者、特定风险管理的专家。合规官是一个相对中立的第三方角色，可以帮助企业做正确的事。在企业"生病"时，合规官是一个"医生"，帮企业"诊断"问题并提出解决方法，当然，企业要遵"医嘱"。

陷阱二：合规是社会律师的事。

即便是建立了独立的合规管理部门、对违规的风险高发区做了事前准备，我们还不能说企业就已经具备了成熟的合规管理能力。很多合规管理依然沦为行为准则的简单堆砌，员工守则、岗位制度往往空有其名，成为摆设。这是因为，合规文化的建设是一个长期的过程。除了规则的建立，企业还要开展全员培训，既要包含合规管理的基础知识，又要涉及重点领域的合规要求，同时还要开展合规调查和商业交易的尽职调查程序。最重要的是，企业高层应该主动将合规纳入企业战略、价值观、品牌价值之中。只有这样，当合规和经营利益发生摩擦需要取舍时，员工才会坚持合规价值的执行。

陷阱三：合规最怕的是监管。

企业应该考虑将监督结果与职位晋升、绩效考核相挂钩，使合规考核成为"一票否决"项。具备一定基础的企业，应充分应用合规管理成熟度评价指标，通过监督评价，推动合规管理能力的再提升。

陷阱四：合规游走在"灰色地带"是本事。

很多企业的高层都对合规提出了这样的要求，既要合规，还要帮助企业寻找灰色地带并在这狭窄的区域谋取利益。这绝对是一个非常危险的信号，事实证明，大部分为企业"灰色地带"出谋划策的合规部门最后都害了公司。因为，这样的合规不仅没有担当起本来应该担当的职责，还让企业有个错误的认识：游走在合法与非法之间是一种本事。企业的经营是一个长跑，不是一两笔买卖。某个阶段的机会可能在整个赛程看来就是个负担，这时候企业要敢于放弃。做正确的事情永远比正确地做事要重要得多。

陷阱五：合规要从"娃娃"做起。

意思是合规要从企业最底层的员工开始做工作，农村包围城市似的逐步树立企业的合规意识，最终形成全员合规的文化。这种说法在行内虽然很盛行，但却很难被认可，因为它在实践中根本行不通。合规从来都是自上而下，而不是自下而上的。如果公司高层不重视合规，即使下层员工每个人都认识到合规的重要性都没有任何用处。事实上，常常是因为领导一句有意无意中透露出不重视合规的话，而让日积月累的合规工作毁于一旦。上行下效，底层的员工最善于察言观色，如果高层不是发自内心地尊重合规，员工最容易敏感地捕捉到。

陷阱六：合规的核心是预防。

每个领导都会跟你说，合规的价值重在预防，每个合规文件都要求制订行之有效的合规计划，但如果你真的将主要精力放在合规系统的建设上时，这可不是一年半载的事情。预防做得再好，也不会有人关注。但违规事件处理好，却很容易得到赏识和重用。公司高层的这种言行不一和短视行为常常让合规部门无所适从，也会误导合规官的工作方向。长期的工作规划常常被短期的事件打断或者终止，导致很多公司合规的工作有始无终。合规官也会主动迎合管理层的好恶，为了办好一件领导关注的事情而投入"重兵"，而将其他真正有利于企业长治久安的工作规划束之高阁。

陷阱七：合规是日常工作。

合规不被重视，就是因为对于合规的定位太过低端，把合规等同于一般的职能工作，这真的是大错特错；合规不是一项日常工作，而是一项公司战略。如果说公司内部有什么跟企业战略有一决高下机会的，那绝对是合规遵从，因为他们都关系到公司生死存亡的风险。

陷阱八：人人合规。

每个人都会说合规非常重要，可还是有很多人认为它可有可无。每个人都说合法合规是自己应该做的，部门负责人都会表态要重视这项工作,领导发言也都会提到将合法合规作为企业经营的前提,但很多人也清楚地知道,合规可有可无,跟自己关系不大,他们心底里最不重视的也是合规工作。要从高管层开始培养合规管理的思想与习惯,将合规管理融入企业文化中。当企业文化强调诚信与正直,并且董事会和高管层做出表率时,合规管理才能有效执行。企业应审视自身是否已经建立良好的合规管理文化与合规环境,为企业推行合规管理进行充分的准备。企业可以参考国内外监管政策文件,通过政策梳理和指标提取,形成自己的评价指标框架。一般而言,达到国家政策性文件的基本要求是底线,而能够对标国际国内行业优秀实践的行为,则评分较高。通过评价体系,企业可以打破盲目"改进"的局面,明确自身所处的合规管理建设阶段,发现自己的薄弱环节,为下一步迭代改进提供基础。最后,毫无疑问,将合规管理融入业务执行的各个环节中,是一项体量浩大、耗人力物力的工作,因此我们必须要利用大数据、信息化等手段和工具,增强合规管理的透明度。国有企业信息公开化,就是合规管理重点改革工作之一,《关于深化国有企业改革的指导意见》和《关于改革和完善国有资产管理体制的若干意见》都对此提出了要求。2016年12月国企信息公开试点已在国家电投、南航集团、中国建筑、中粮集团4家央企开展。如果借助物联网、云计算和大数据等IT技术建立国企信息公开平台,不仅使合规管理有固定的公开渠道,还能为社会公众查阅信息提供服务,同时使企业掌握大量财务及预算数据,在数据统计分析之后,可以进一步发挥它们的更大价值。所以,合规人员不要期待每个人都重视合规,因为不重视合规是常态,重视是意外。有了这种心态,合规部门才会以更加平和的心态去处理合规事件和策划合规计划。合规部门也不再会显得咄咄逼人,因为合规部门最让人讨厌的就是得理不饶人。

陷阱九:违规总是突然而至。

当不合规事件发生时,每个人都会抱怨,怎么事前都没有预兆,总是突然而至搞得大家措手不及。这个时候,你一定不要相信他们说的话,而更应该相信德国人海恩提出的一条关于安全飞行的法则:每一起严重事故的背后,必然有29次轻微事故和300起未遂先兆以及1000起事故隐患。法则强调两点:一是事故的发生是量的积累的结果;二是再好的技术,再完美的规章,在实际操作层面,也无法取代人自身的素质和责任心。任何风险事故都是可以预测的,除了自然灾害,没有突然而至的风险,除非是当事人完全失去了行动能力和责任心。因此,当企业出现无法预知的风险时,很可能是合规的责任心出了问题。合规最起码要做到:当一件重大事故发生前,我们要及时对问题的"事故征兆"和"事故苗头"进行排查处理,以此防止问题的发生,及时解决发生重大事故的隐患,把问题解决在萌芽状态。

陷阱十:每个合规风险要讲一万遍。

合规部门对于全员合规意识的重视往往体现为这样一句话,每个合规风险讲一万遍就会深入人心,这也是合规培训的口号。说得很有道理,但前提是听众是"带着耳朵"

来听的，或者不能左耳朵进右耳朵出。作家周濂有句名言："你永远都无法叫醒一个装睡的人。"这用在合规事务上再恰当不过。合规部门不怕不懂法律的人，而是怕半懂不懂，或者觉得自己很懂其实不懂且根本听不进去别人教导的人。更让人郁闷的是，合规人员发现，虽然每个人都知道防患于未然，也明白防控风险的成本不足出事处理成本的 1/10，但他们仍然心存侥幸。所以，讲一万遍风险不如让东家吃一亏，而且吃得亏越大，以后对合规越重视。

第三章
风险防范是最高理念

美国虚假财务报告全国委员会的发起组织委员会（COSO委员会）针对国际企业界频繁发生的高层管理人员舞弊现象，于2004年废除了沿用很久的企业内部控制报告，颁布了一个概念全新的COSO报告：即《企业风险管理——总体框架》。

根据ERM所描述的内容，全面风险管理是一个从企业战略目标制定，到目标实现的风险管理过程。它可以简单用三个维度来表述，即企业目标、全面风险管理要素、企业的各个层级。第一维度企业目标有四个方面：战略目标、经营目标、报告目标和合规目标；第二维度全面风险管理要素有八个方面：内部环境、目标设定、事件识别、风险评估、风险对策、控制活动、信息和交流、监控活动；第三维度企业的各个层级包括整个企业、各职能部门、各条业务线及下属各子公司。其中在第一维度框架下的企业四个目标中，合规目标是一个保底性目标。实际上，这个保底性目标就是一个企业遵循法律法规，避免法律风险的目标。

风险防范如同人对疾病的预防。历史上有个典故，魏文王问名医扁鹊："你们家兄弟三人，都精于医术，到底哪一位最好呢？"扁鹊答："长兄最好，中兄次之，我最差。"文王再问："那么为什么你最出名呢?"扁鹊答:"长兄治病,是治病于病情发作之前。由于一般人不知道他事先能铲除病因,所以他的名气无法传出去;中兄治病,是治病于病情初起时。一般人以为他只能治轻微的小病,所以他的名气只及本乡里。而我是治病于病情严重之时。一般人都看到我在经脉上穿针管放血、在皮肤上敷药等大手术,所以以为我的医术高明,名气因此响遍全国。"这个故事寓意深刻,说明了事前预防、事中控制、事后补救的企业风险预防三步棋。

美国通用电气公司原总裁杰克·韦尔奇曾说:"其实并不是GE的业务使我担心,使我担心的是有什么人做了从法律上看非常愚蠢的事而给公司的声誉带来污点并使公司毁于一旦。"从这位世界著名管理大师的感言中可以看出,企业法律风险对于现代公司运营安全有着举足轻重的作用。

从企业作为独立法人的角度看,企业风险主要有自然风险、商业风险和法律风险等。其中前两种风险分别是以不可抗力和市场因素为特征,而法律风险是以势必承担法律责任为特征。

而从整体上看,中国企业法律风险管理投入严重不足。据全球知名的法律风险管理咨询机构——英国路伟律师事务所调查报告表明,中国100强企业法律风险分值最高为97分,最低为16分,中间值是42分。该分值的意义在于衡量企业应投入的法律风险防范和法律事务管理方面的法律经费支出,每100分代表企业平均法律支出应占企业总收入的1%。由此可以推出,中国企业平均法律支出应占企业总收入的0.42%,但实际投入仅0.02%,远远低于国际标准,从另一个角度看,国内法务管理工作有较大的发展空间。

一、加强防范法律风险是大势所趋

21世纪是一个充满挑战和机遇的时代。目前我国经济发展正处于起稳回升的关键时期，在这样的大背景下，我们今天共同探讨的如何加强国有企业法治建设，提高企业法律风险防范能力，发挥其在抗击金融风险中的重要作用，对促进企业化危为机具有非常重要的意义。

法律风险的防范是企业风险管理中最基本、最重要的要求，当前国有企业法治建设的一个核心任务就是建立健全法律风险防范机制。在抗击国际金融危机的过程中，中国国内的大集团、大企业，特别是大型国有企业的能力相对于中小企业更强一些。对于这些大企业而言，对它们往往容易造成致命影响的经常是发生在内部的一些严重问题，正如西方谚语说的："城堡最容易从内部攻破。"这就说明了风险防范对一个大企业而言更加重要。

对100家世界级品牌企业的调查显示，36%的世界级品牌企业，其历史都在100年以上；28%的企业，历史在80~100年之间；25%的企业，历史在50~80年之间；历史在50年以下的企业只占16%。所以，打造一个世界级的品牌企业没有一个较长的历史过程是不可能的。这些成功的企业经验反复证明了企业的管理成在法治，败在人治。近几年来，国际国内陆续发生的多家大型公司、百年老店严重亏损，甚至倒闭破产的事件，从英国巴林银行的倒闭、美国的安然公司及世通公司的申请破产、日本的八佰伴公司宣布破产，到上市的德隆系的坍塌、中航油新加坡公司的巨额亏损，再到美国的一些大公司出现的严重亏损甚至破产的情况。总结这些事件带来的教训，几乎都是因为企业严重的违法违规行为造成的，所以大型企业要实现长期稳定的发展，要打造世界级的品牌，打造百年老店，就必须加强法律风险防范。建立健全法律风险防范机制，有利于保障企业在危机面前转危为机，可以说是一个成熟健康企业的重要标志，也是一个企业重要软实力的标志。

二、金融危机下我国企业面临的法律风险

当前国际金融危机的冲击对企业法律风险的防范提出了新的挑战。我们通过调研，归纳了当前金融危机下我国企业可能面临的以下七大类法律风险，需要特别关注。

一是因为市场需求萎缩，资金链断裂引发的违约风险。签的合约不执行，违约所带来的风险。

二是因为行业整合，企业并购中尽职调查不确定性增加的风险。企业大整合动作是非常大的，但是在这个整合过程中怎样搞好尽职调查，怎样处理好相关企业的债权债务关系是非常重要的，处理不好就很容易留下后遗症。

三是走出去、投资并购时，境外法律环境发生变化带来的风险，如中铝并购力拓出现的一些各种各样的变数。

四是有些国家在金融危机背景下，贸易保护主义抬头，滥用世界贸易组织规则所带来的风险。反倾销、反补贴的案子数量大幅上升，充分说明这一点。

五是建筑施工企业面临的工程款拖欠的风险。这个不仅在国外，在国内的情况也比较突出。

六是劳动用工涉及的劳动合同方面的风险。怎样严格地执行《劳动合同法》，在现在金融危机的情况下对我们也是一个重要的课题。

七是历史遗留的债权债务提前引爆的风险。比如，本来合同双方都比较信任对方，但一旦危机到来，都担心对方挺不过去，使自己的债权落空，所以又重新按照相关程序来追讨债务，而这也可能引起新的风险。

面对金融危机，如何防范好危机中凸显的上述法律风险，既对企业经营管理提出了新的严峻的挑战，更是对企业下一步发展乃至生死存亡的一次重大考验。

三、健全企业法律风险防范机制

只有提高法律风险防范能力，才能依法保障和促进企业长期、稳定、健康地发展。笔者针对国有企业，特别是根据中央企业的一些好经验、好做法，提出了以下三个建议：

第一，要切实加强企业法务管理。企业要提高法律风险的防范能力，首先要加强法律管理，而不仅仅是完成或做好法律事务。2004年英国壳牌石油公司曾经因为错误公布其已探明的石油储量，而被美国的证监会和英国金融服务管理局处以1.5亿美元罚款，3名企业高管还被迫辞职。该公司在总结教训时特别强调了三点：一是企业的各项制度本身在制定的时候就要合规合法，因此需要加强企业制度合规性的审查；二是要重视企业法律事务部门、法律顾问提出的审核意见；三是要在企业内部营造合规文化，这是保证企业依法经营管理的基础。这三点教训，核心是一个企业要加强法律管理的问题。

第二，要高度重视制度的执行。大型的国有企业经过多年的发展，已经普遍形成相对比较成熟的制度体系，因此需要特别强调制度的执行。美国哈佛大学的创始人留下一笔遗产——250本特别珍贵的书籍。学校一直把它们珍藏在图书馆内，并规定学生只能在馆内阅读，不能带出馆外。1764年的一场大火烧毁了哈佛大学图书馆，在火灾发生前，正好有一个学生把其中一本书带出图书馆阅读而幸免烧毁。第二天，这个学生得知火灾烧毁了馆内一大批珍贵书籍之后，意识到自己带出来的这本书就是那批珍贵书籍中唯一存世的孤本，就把书还给了学校。校长收下书后非常感谢他，但是却下令开除这个诚实的学生，理由就是他违反了校规。校长强调："我们理念是让校规来看守哈佛的一切比让道德来看守哈佛更安全有效。"这个故事充分说明了制度执行对一个学校、对一个大企业的重要性。

第三，要大力培养企业内部法律人。企业内部法律人及企业法律顾问是建立企业法律风险防范机制的专业队伍保障，有一种观点认为企业内部法律人就像公共设施的维修人员一样，直到出了问题才会被用到。其实企业内部法律人不仅是在公共设施出现问题时对其进行维修，更重要的作用是对公共设施进行日常保养和维护，使它们不出现问题。企业内部法律人是与外部法律人，即社会律师相比较而言的。企业内部法律人对企业所在行业更加熟悉，更能及时发现企业内部的法律需求，紧密结合企业经营发展战略来处理好相关的法律事务、加强法律管理，因而具有不可替代的重要作用。

一个优秀的企业越是在危机的时候越能显示出它的综合实力和整体素质，建立健全法律风险防范机制，有利于保障企业在危机面前转危为机，这可以说是一个成熟健康企业的重要标志，也是一个企业重要软实力的标志。

四、防范风险是法务的目标

能否合理、有效地控制企业在决策、经营过程中可能面临的法律风险，做到既依法决策、经营又能保证企业持续、快速、健康发展，是衡量企业决策、经营水平的重要标准之一。建立法律风险管理体系，全面、系统、科学地识别、分析、控制法律风险，是企业提升决策、经营水平，实现新跨越战略的重要保证。所以，要建立风险评估、风险警示、风险化解、风险反思的风控体系。

第一，风险评估是有效防范风险的前提和基础。对企业进行风险评估，是基于法律规则、实务经验形成的。对企业进行法律风险评估，不能简单地走过场，而应该设计相应的风险评估表格，由社会律师谈话、资料分析甚至尽职调查等方式来测评。这种风险评估报告，内容上需要涵盖前述企业法律风险的各个方面，同时在风险评估的基础上，社会律师出具的法律风险评估报告应当基本能够反映企业的风险状况与应对风险的机制。

第二，风险警示需要呈现社会律师的专业特质。在风险评估报告的基础上，对企业的日常经营过程中究竟有无风险、存在哪些风险，给出相对比较明确的答案。风险的存在是一个基本的共识，但对风险的认知，公司律师不同于其他人。社会律师应该在查阅、掌握相关法律、法规、司法解释甚至指导性案例的基础上，通过分析、识别和比对，形成具有专业水准的风险警示报告。要善于发现问题、提出问题，而更多的是应当聚焦于"解决问题"。

第三，风险化解是风险防范的核心。其主要基于以下方式：一是对不符合法定要求的事项进行及时纠正。这主要是针对企业内部的法律风险，比如，企业在用工方面不够规范，没有按时签订劳动合同，已签的劳动合同没有及时发放给劳动者；企业法定代表人、住所地、股东发生变化等应当依法及时办理变更的事项而没有及时办理变更登记；企业的具体运行没有遵照公司章程的规定逐一落实；等等。对于这些事项，可以在法律风险评估的基础上及时进行"内部纠错"以符合法定的要求。二是对相关事项进行补充和完善。对于企业已经施行但还不够规范、不够完善的事项进行补充和完善，也是化解风险的一种方式。比如，在很多企业，股东会、董事会从来没有会议纪要；员工管理仅仅依凭劳动合同，既没有入职、离职手续，保密协议与竞业限制协议也是"只有协议"没有"补偿标准"等。对于这些事项，一些企业可能基于不全面的理解而采取了一定的举措，但这些举措要么存在对法律、法规理解的偏差，要么就是"只做了一半"……对这些事项的补充和完善，能够更好地彰显社会律师的专业知识和水准，也能更好地提升企业法治的水平，从而有效规避各类法律风险。三是校正和修订有关法律文本。矫正和修订法律文本是社会律师担任法律顾问之时采用最多的工作方式。在防控风险方面，文本的校正、修订无疑是重要的方面。社会律师需要对企业采用的各种合同、文书进行认真细致地分析和把关。以合同为例，企业采用的各种合同都有必要由社会律师进行审查和矫正。在许多企业的合同之中，要么缺少法定的必要条款，要么其中的有关条款本就违反法律法规的相关规定，要么其中的有关条款存在重大漏洞……合同审核是社会律师最为普遍的工作方式。需要指出的是，在担任企业法律顾问时，文本的审核不仅仅涉及合同，还可能涉及企业内部规章制度的制定，股东之间、公司治理过程中的各种对内对外的文本，甚至还可能涉及公司内部的各种"通知""处罚"等事项。四是以调解、仲裁、诉讼方式化解风险。

第四，风险反思。企业的经营过程中，风险无处不在。因此，在对于企业风险的把控方面，定期组织进行"风险反思"，也是一项非常重要的内容。一方面，我们并不能确保，曾经发生过的风险不会再次发生；另一方面，新的风险的产生，可能也是基于原有风险演变所致。因此，通过组织座谈会、案例研讨等方式，在企业的各个层级范围进行风险反思，一方面能有效提升企业员工的风险意识，另一方面也能在反思的基础上逐步改进，从而更好地规避和克服风险。

国药控股股份有限公司执行董事兼总裁、原国药控股股份有限公司总法律顾问李智明介绍，对于核心目标风险防控的具体实施，可以从目标设定、风险识别、风险分析和风险应对四个角度设定策略。其创新之处在于描绘了"风险热力图"。决策者可根据"风险热力图"，确定风险的重要性水平，以决定投入的关注程度或实施风险应对的力度和时间。对于重要性水平为低和较低的风险，由于其发生的可能性和影响程度均小，如财务风险和声誉风险，公司可以在此种情况下先忽略不予关注；对于重要性水平为中的风险，诸如人力资源风险和法律风险，公司可以将此类风险确定为一般风险给予一般关注；对于重要性水平高的关键风险，如市场风险、环保风险和欺诈风险，要重点防范。

第四章
新生业务、行业垄断和市场竞争是最难处理的法律课题

目前,我国央企在国家有关部门的指导下,法律顾问机构建设得到长足的发展,总法律顾问到位率有了很大的提高,业务范围大同小异,开展得比较全面。但是,忽视了一个非常大的问题,如何处理好国有企业的行业垄断和市场竞争及开放之间的关系,是一个大课题,也是比较棘手的高端法律事务。

一、行业垄断和市场竞争存在的问题

行业垄断和市场竞争存在两个问题,一是从国际贸易的角度看,贸易保护主义愈发盛行,国际贸易摩擦日益加剧。二是从国内行业垄断看,民营企业进入垄断行业存在十大障碍。

随着近年全球经济形势低迷,贸易保护主义愈发盛行,国际贸易摩擦日益加剧。再加之中国经济地位的提升,也使国际贸易摩擦不断增加和激化。

据世界贸易组织统计数据显示,自 1995 年世界贸易组织成立以来,中国已连续十多年成为世界上遭受反倾销调查最多的国家;

仅在2016年，中国便遭到27个国家和地区发起的119起贸易救济调查案件，涉案金额143.4亿美元，案件数量和涉案金额同比分别上升了36.8%和76%。

目前"逆全球化"趋势抬头，对中国实施"走出去"战略及经济持续健康发展带来巨大挑战，中国应对国际贸易摩擦和争端的形势极为严峻。

在中国企业"走出去"的过程中，许多企业都遭遇了贸易摩擦和知识产权纠纷等问题，所在国企业联合政府利用投资、贸易等保护政策，频频对中国企业提起民事甚至刑事诉讼。

美国政府近年先后起诉攀钢集团、中广核集团的刑事案件，最终都导致了中方企业的投资项目被迫中止。这不仅给中国企业造成巨大经济损失，而且还要花费巨大的人力、财力应对刑事诉讼。

虽然这些年民营企业进入垄断行业的政策、法规越来越健全，但在实际操作过程中仍然存在着不少障碍。主要是相应的法律法规不健全和政府角色转化得不到位，尤其是思想观念转变得不到位。

1. 签约主体障碍

在一些垄断行业，设置较高的准入政策，把门槛抬高，限制民营企业进入。

2. 融资障碍

BOT、TOT、PPP项目在国际上是一种成熟的经营模式，其本质上不同于其他经营模式的根本区别在于其融资方式的不同和政府的参与。BOT项目按其融资信用渠道为新设项目法人融资，新设项目法人融资又称项目融资，银行是重要的参与者，项目融资是以项目投资所形成的资产、未来的收益或权益作为建立项目融资信用的基础，取得债务融资，项目的股本投资方不对项目的借款提供担保或只提供部分担保。项目融资不同于传统的银行贷款，但现实是多数国内银行没有有限追索融资的经验和规定，银行对这种融资方式持观望态度。甚至一些地方政府还要在协议里明确要求，特许权协议的所有权、收益权都不能质押和抵押。

3. 监管体系障碍

行业的规范和公众利益的保证需要政府的监管，但现在的问题在于监管体系的混乱和监管的方式及理念的混乱。从现有的监管模式来看，政府的角色并没有转化到行业的监管。政府应对市场准入、价格和产出质量进行监管，但实际上，政府从经济、技术和行政等方面进行了全方位地介入，包括从技术工艺的选择、设备的选型、原材料和设备质量的检测等。这种现象有悖于国家进行产业市场化的初衷，政企仍然未能分离，此时的监管就会成为腐败的温床和民企的桎梏。

4. 所谓的"暴利"障碍

近年来，在项目操作过程中，地方政府保守势力往往以保本微利这个模糊概念设置市场准入的隐性壁垒。对利润较高的行业限制民营企业进入，因为民营企业一旦取得较高的利润，则会以利益输送为借口进行调查。

5. 固定回报障碍

2002年，国务院办公厅发布了《关于妥善处理现有保证外方投资固定回报项目有关问题的通知》（下简称《通知》），正式开始清理和纠正固定回报项目。虽然《通知》主要针对历史原因形成的部分外方投资项目而言，但近年一些地方政府认为某些垄断行业项目也具有固定回报的特征。这种认识如果最终得到法律认可，这将会对目前我国正在积极推进的公用事业等垄断行业的市场化工作产生极大的负面影响。

6. 招标方式障碍

引入竞争是公用事业等行业市场化非常重要的内容，经营权的招标不同于一般的工程招标，通过过程控制、通过价格调节来实现比较竞争，这种方式也是竞争，是过程的竞争。因此，竞争环节不一定就必须是招投标的竞争环节。

7. 市场环境障碍

大型国企对市场的干扰也很严重，区域性国企利用长期垄断的资源为市场化设置重重障碍。这些企业并不具备相应的综合管理能力和市场经营理念，但却以溢价或低价来拿项目，搅乱了基本的市场价值准则。

8. 政府诚信障碍

我国部分地方政府视垄断行业为纯粹的招商引资，但招商而不重商。政府的信用风险要大大高于市场风险，实际上政府的信用风险是民营企业进入垄断行业过程中存在的最大障碍。

9. 法律保障障碍

市场经济需要法律保障，非公有制经济渴望完善的法律保护。虽然基于国家法律体系的完整和稳定考虑，要求制定一部《垄断行业特许经营法》或《BOT项目投融资法》之类的单行法可能不是现实的和最佳的解决方案，但是现行法律规范的某些规定对非公有制经济参与市场竞争形成阻碍却是客观存在的。

10. 民营企业自身障碍

对于垄断行业来讲，有一些政策、技术、制度运营等方面的基本要求，许多民营企业不了解国家法律法规。行业政策和标准，盲目跟风，造成损失。

二、我国反垄断的政策路径

产业垄断分为市场垄断、自然垄断和行政垄断。在我国产业转型发展过程中，存在大量的垄断问题，对行业竞争效率、国民收入分配产生了明显的影响。

为了保护公平竞争，鼓励中小企业创新发展，逐步缩小行业差距，从而实现共同富裕，我国出台了《中华人民共和国反垄断法》。国务院还于2005年2月25日出台了《国务院关于鼓励支持和引导个体私营等非公有制经济发展的若干意见》（简称"非公经济36条"）。

以法律和政策的形式明确规定，市场支配地位的企业应遵守法律规章，不滥用市场支配地位、不达成横向或纵向垄断协议。

我国《反垄断法》主要针对市场垄断行为进行规范，在垄断协议、滥用市场支配地位、经营者集中、滥用行政权力排除、限制竞争等方面予以明确的认定和判断。

2021年2月7日，国家市场监管总局网站发布《国务院反垄断委员会关于平台经济领域的反垄断指南》，针对平台经济这一市场焦点领域提出要求。对此，互联网平台企业应理解、遵循政策导向和制度规定，强化自我约束，并积极做好反垄断合规管理。

习近平总书记在《扎实推动共同富裕》一文中提出,"要清理规范不合理收入,加大对垄断行业和国有企业的收入分配管理,整顿收入分配秩序,清理借改革之名变相增加高管收入等分配乱象。"

国有企业的特殊地位赋予国有企业被豁免的权利,但也应实行监督监管和价格调整机制。如国有企业出现的不公平交易、价格歧视、收入分配乱象等问题,应该根据法律的相关规定进行处理。

三、发展混合所有制经济的意义和成果

党的十八届三中全会通过的《中共中央关于全面深化改革若干重大问题的决定》提出,"要积极发展混合所有制经济",并明确定位"国有资本、集体资本、非公有资本等交叉持股、相互融合的混合所有制经济,是基本经济制度的重要实现形式"。

发展混合所有制经济,对国家经济社会发展具有重要的战略意义和作用。第一,有利于凝聚不同所有制经济力量,提升国民经济发展竞争力。第二,有利于优化国有经济战略布局,增强国有经济控制力和影响力。第三,有利于深化国有企业改革,促进国有资本放大功能、保值增值。第四,有利于在基础经济制度上消除公有制经济和非公有制经济的发展障碍,减弱公有制经济和非公有制经济在事实上存在的身份不平等,营造公平竞争的市场环境,进一步释放非公有制经济活力。

在经济改革的强力推动下,我国经济迅速起飞,不仅国有资本大幅度增长,各种民间资本和居民储蓄存款也大量增加。2012年,我国的私营企业已达上千万户,注册资金30多万亿元;民间固定资产投资占全社会固定资产投资(37.5万亿元)的比例达到61.3%;2013年8月,居民储蓄余额已达44万亿元,其中定期存

款额超过27万亿元。民营企业主要集中在传统制造业,具体来说就是附加值非常低的加工贸易。根据和讯网和数字100在2012年联合发布的中国民营企业调查报告,中国的民营企业总数已经超过了840万家,占全国企业总数的87.4%,对GDP的贡献率已超过60%。但在2008年之后,中国的民营企业在外有欧美贸易打击、内有营商成本高的情况下,纷纷撤出制造业。大量民间资本要求拓宽投资渠道,从而为发展混合所有制经济创造了现实条件。2013年9月6日,国务院常务会议提出,在金融、石油、电力、铁路、电信、资源开发、公用事业等领域向民间资本推出一批符合产业导向、有利于转型升级的项目,形成示范带动效应,并在推进结构改革中发展混合所有制经济。

四、市场化资源配置的要求

当前国有企业大多是"航空母舰",注册资金数额高,员工多,准入门槛高,行业垄断性强,企业内部管理层级较多,包含集团公司、子公司、分公司,甚至出现了分公司又下设厂处车间层级,附带多种经营的法人实体使得企业门类齐全,主体庞杂,五脏俱全,形成了内部的封闭垄断,大而全,小而全,企业办学校、医疗、卫生、体育办生活服务,甚至形成自己的交通、网络、通信系统。

在大而全的体系中,封闭市场,限制外来的社会资源,在对招标主体认识上产生误区,按照国家法律规定,采购人依法能够自行建设生产或者提供的可以不招标。国企"拖家带口",存在上下隶属的封闭经营,投资相互渗透的利益输送,利害关系的控股公司、参股公司、托管企业,甚至多种经营的法人实体之间的关联交易。上述的这些关联主体、投资、经营关系都可以纳入自行建设采购的范围之内，因此形成了企业内部的生产服务承包的链条，导致企业内部所有的工程采购服务都在内部解决，不向外发标，不公开招标，违反了企业招标规定。

另外，目前大部分企业已经上市，非主营业务与存续业务是个拖斗，企业上市后签订的关联交易总协议向证监会作出承诺，在一定期限内逐步退出关联交易的市场和关联交易的份额以及关联交易的价格，但在实际运行当中绝大多数企业违背承诺，依然依靠过去的生产组织体系继续进行封闭交易，既违背了关于交易的总协定，又违背了上市监管的承诺，损害了中小股东的利益，引发股东诉讼，存在一定的法律风险。

对企业性质和行业认识上的误区，阻碍了改革的步伐和市场开放的进程。国有企业承担着国计民生发展的重任，在市场准入、企业资质、营业范围以及行业的发展方面享受国家的保护性政策，具有自然垄断、行政垄断、市场竞争垄断的优势地位，因此，部分国有企业以行业特殊、企业规模大等理由脱离市场竞争。事实上，国有企业所涉及的领域具有一定的特殊性，但是国有企业涉及的生产经营服务等环节不具备垄断性，比如石油企业，从总体行业来讲，是国家下属的垄断公司，但从生产、经营、销售、分配的环节来讲，不具有垄断性。

针对以上几个方面的问题，如何顺应市场化改革导向的需要，也是新时期国家转变管理职能及方式在国企垄断领域的创新。针对日益开放、经济快速发展的中国，应加强法律研究，一方面扩大开放，引入竞争，通过建立和完善竞争性市场来求发展；另一方面建立现代企业制度和现代行业监管体制，通过国有企业的公司化改造和转变政府管理经济的职能及方式,为垄断行业的发展注入制度活力。想要保持一个适度开放、有序竞争的行业市场,法律顶层设计就显得非常必要。这是未来总法律顾问所面临并应积极应对的课题。

第五章
"创造价值"彰显法务的终极追求

"市场经济就是法治经济""市场经济就是契约经济",这些基本的法治观念已经成为企业的常识。但是,现在许多企业对法律顾问重视不够,甚至在一些企业看来,法务可有可无。究其缘由,一方面是因为对法务的认识不够客观全面,另一方面也与绝大多数法务所承担的职责和价值密切相关。在以往的法律实践中,许多社会律师对担任企业法律顾问重点在于"防范风险",但是这种"风险防范"却没有形成任何体系化的框架。一两年下来,企业家或许觉得法务根本没啥必要。这种现状,与社会律师没有能够为企业"创造价值"有很大关联。如果说"防范风险"是社会律师担任企业法律顾问的常规价值体现,那么只有"创造价值"才能真正体现法务的价值所在。

一、法务在企业管理中的价值体系

法务应在充分认识和深刻体会企业本质的基础之上,站在企业整体的角度和高度,将自身融入到企业管理体系当中。这样向企业提出来的法律意见和建议,才能真正反映出法务的理念和价值,也才能帮助企业实现依法经营、合规管理。

企业的本质是什么？它涉及法务如何从根本上来认识企业，某种程度上它是企业法务正确发挥价值的认知前提。新制度经济学的企业理论给了法律人一个非常有借鉴意义的答案，以科斯为最早代表的新制度经济学家们认为："企业是一系列契约（合同）的联结。"即企业是一个能够节省市场交易成本的不同生产要素所有者及消费者之间缔结的契约集。

契约，或称合同，对于法律人来说一点都不陌生。可以说，法律人，不管是社会律师，还是企业法律顾问，一生都在跟合同打交道。据不完全统计，企业法务的日常工作几乎有一半的时间在忙于合同的起草、合同的审核与修改、合同的谈判等事项。

企业是契约的集合，意味着企业中的各种生产要素之间的组合、分配、协调都是通过契约来完成的。事实也是如此，比如公司股东之间，他们依据持股比例多少，在一份契约——章程中来实现他们的权利义务分配。持有更多的股权，则拥有更多的决策权和剩余索取权。如公司员工与公司，他们需要签订劳动合同以保护劳动者和公司的双边权益；又如企业销售产品、采购原材料，都需要与客户、供应商签订合同。所有合同（契约），从资金和资本的募集体现为投资合同和融资合同，到企业管理者对员工的管理体现为劳动合同和管理契约（隐性），从产品采购和销售体现为采购合同和销售合同，到同行竞争和政府管制体现为竞争契约和行政契约（隐性）等，这些合同都需要法律顾问给予法律上的专业意见。

因此，了解企业的本质，事实上就等于了解企业到底会隐藏着哪些类型的合同（契约）需要处理。

这些合同（契约）的书面表达，即是法务的合同管理工作；合同需要与对方沟通、协调,则是法律顾问的法律咨询、法律谈判工作;合同发生纠纷需要通过诉讼或仲裁解决,则是法务的案件管理工作。

这些业务工作对法律的需求,融合了法务在经营管理中的体系。一旦企业的生产要素通过一系列合同(契约)被组织起来,在运行中则需要采取一些行动来提高这些生产要素的效率,这便产生了管理。正如管理学大师德鲁克所言,管理的首要任务是经济绩效。获取合法的利润,对于企业家来说,是第一要务。没有利润,企业将无法存续下去。管理是获取利润的必要手段。法务要发挥价值,就必须融入到管理当中,这样才能正确地提出企业所需要的法律意见和建议。

管理是处理人、物、事三者之间的关系。在现代社会和现代企业中,因专业分工的需要,企业中的单个员工往往只掌握了某一方面的知识和技能,这导致管理在企业中按照专业分工和价值链条的不同,被划分成以下几大体系:

第一,资金和资本运行体系。如前所述,企业通过股东协议、融资合同等形式,完成资金和资本的初次募集。接下来便是要运用这些初始资金,来撬动更多、更长期的资金和资本补充进来,以抵消企业从一开始即在持续产生的消耗,资金链条一旦断裂,企业便会面临危机。因此,法务关注企业的资金和资本管理,从法律角度提出相关的预警和解决方案。

第二,人力资源运用体系。企业具体事项都得由员工来完成,在现代组织理论中,员工被称为人力资源,且已成为企业最重要的资产。法务要协助企业制定人力资源管理制度,这样既能提高员工的积极性,又能使员工按既定规则行事。法务仅懂《劳动法》是不够的,更重要的是他们要能在《中华人民共和国劳动法》的法律框架下提出合理的人力资源运用策略。

第三，产品研发和生产体系。企业是依靠提供某种产品或服务而存在的，只要出售产品或服务，就会存在研发的问题。而这里的研发，是从广义角度而言的。如零售行业，将货架上的商品进行不同位置的摆放也是很有讲究的，这便是一种研发。生产更是企业生存的基础，无论哪个行业，都不离开对原材料的加工，对产品或服务设计之后的实施。相应地，法务在企业研发管理中，就要密切注意知识产权的申请、利用、保护；在生产管理中，则要注意产品质量的合规、生产安全防护等事项。

第四，供应链管理体系。供应链越来越成为企业制胜的关键因素之一，而供应链管理，其实就是全部采购、运输、仓储等类型合同的制定、履行、监控、反商业贿赂等事项的集合。它可被视为一个很庞杂的合同问题，同时又可看成是一个很专业的技术问题。法务借助于对信息技术的理解和运用，跳出合同看合同，在供应链管理方面可谓大有可为。

第五，营销与客户维护体系。企业生产产品和服务，是为了销售出去，没有销售，没有顾客，企业是不会长久的，甚至一刻也难以生存。在营销和客户关系管理中，法务的工作是注意企业的行为是否符合《消费者权益保护法》，是否符合行业监管规定，以及是否符合广告宣传法律等。

第六，竞争者关系处理体系。企业都会有竞争对手，绝对垄断的企业并非市场经济环境中的企业，利用垄断或法律明确禁止的不正当竞争手段，必会受到法律的制裁。因此，如何在法律框架下处理与竞争者的关系，如何与同行之间展开合法的市场竞争，是企业长久经营的基础。法务应主动审查本企业的竞争策略，提供切实可行的操作方案。

每一种体系对企业的生存和发展都至关重要,都必须统一到管理当中。法务要融入管理,就必须要熟悉每一体系的业务流程及其特点,而且能将其运用到日常的法律工作当中。

企业的本质决定了法务在企业中可大有作为,管理的体系则揭示了法务融入管理的角度。在充分理解了企业本质和管理体系之后,法务应具备的工作理念似乎呼之欲出。

首先,法务必须满足企业管理体系中的各项交易。这些交易包括公司设立、增资、对外股权收购及IPO上市时的股东合同;公司通过借贷、信托、资产管理计划、发行债券等手段融资时的债务合同;公司采购时的采购协议;公司销售时的销售协议;公司研发时的知识产权协议;公司进行内部奖惩时的劳动合同;等等。前述活动,均对应着各项交易文件;这些文件,均是由法务予以起草、修改、审核。充分满足企业交易对法律知识的需求,对法律文件的需求,是法务的首要工作理念。它区别于之前简单的合同审核工作,是以推动交易为目的的合同审核;它也区别于之前单纯的"打官司"工作,是以反思案件背后的交易为目的的诉讼管理。

法务的工作重点不再是被动地审核合同、处理诉讼,而是要思考这些合同、诉讼背后的管理体系要求是否已落实到交易文件当中。

其次,法务必须站在管理体系的角度进行风险防范。风险防范与交易满足其实是一个硬币的两个方面,交易满足是推动企业的管理措施落地,推动企业朝着既定目标前行。然而,现代社会是一个风险社会,风险无处不在。风险可能来源于管理措施制定时,可能来源于外部环境变化带来的问题,也可能来源于其他莫名其妙的因素。作为承担一部分风险预测与解决职责的法务,应主动将风险防范的理念作为其工作的主导思想。在满足交易的同时，从法律人思维的角度提示交易中存在的风险，并提出应对的策略。

风险防范的效果，一方面会因法务的能力与经验而产生差异，另一方面也会因法务对风险与业务的匹配程度的判断而产生不同。总之，站在企业管理的高度进行风险防范工作，对于法务来说是个艰巨的挑战，也是一个体现价值的良好时机。

最后，法务还应在整体理解企业的基础上积极提出战略建议。如果说满足交易是帮助企业"加油门"，风险防范则是帮助企业"踩刹车"，那么，战略建议便是帮助企业"掌方向"了。

向企业提出合适的战略建议，显然对法务提出了更高的要求。但是，这一工作理念，可以引导法务从更高、更长远的视角来关注企业面临的法律问题、管理问题、经营问题。这样的法务，在同行中显然更有竞争力，也必会受到企业的欢迎。

二、法务可为企业"创造价值"

新常态下的企业，需要更具创新精神、具有更广视野的法务。目前，在看待法务价值的问题上，有两种较为常见的认识："创造价值"是法务业竞争日趋激烈的需要，"创造价值"是法务提升服务质量和服务水准的现实表征。

法务通过自身专业知识和团队优势，能够为企业竞争注入新的可变因素，能够为企业之间的竞争提供战略、策略、谋略。诚然，法务此类价值是以对企业的深入了解、深厚的专业知识、高效及时的团队服务作为前提的。一旦法务的价值能够实现和企业价值的融合，社会律师的作用将会受到重视，才会真正成为企业家决策的"军师"和"参谋"，在企业的重大决策、谈判、行动之中才不至于出现缺位。法务可以从以下方面着力为企业"创造价值"：

1. 为企业提供前瞻性法律服务

所谓的"前瞻性法律服务"，是指基于现有的法律规则，从法律发展的角度，前瞻性地预估法律未来可能突破的规范、空间与方向，从而提前为企业提供该类指导，提前做好布局。这种前瞻性法律服务是完全可能的，以《公司法》为例，《公司法》的开放性结构意味着以后"创办公司"的门槛将会逐渐降低，公司股东的自治程度将会提升。这就意味着，只要秉持"法无禁止即自由"的原则，可以为企业开创新领域、新行业提供前瞻性法律服务。

在实际的服务过程中，现在许多法务基于"严格规范主义"的需要，对一些新领域、新行业在法律还没有明确的时候，都为单位提供否定性的法律意见，从而令许多企业束手不前、失去机会，在与同业企业的竞争中处于劣势。

诚然，这种前瞻性的法律服务，需要法务对已有法律法规的精熟把握为前提，并且基于社会现实的需要和立法改良的需要，法务有充足的理由相信法律法规发展的方向，从而为企业的发展提供前瞻性的指导。企业有了这种前瞻性的法律指导，无疑能够快速形成竞争优势，形成行业优势，甚至可能成为行业的"领头羊"。

2. 规范治理结构，促推整体价值

规范的治理结构对企业发展壮大有着特殊意义。这种规范的治理结构，至少可以体现在四个不同层面：一是内部的规范治理，主要是股东关系、股东会、董事会、监事会的具体运作；二是总公司与分支机构，主要是各自承担的不同职能，相互之间权利义务关系的明确；三是总公司、子公司、关联公司的关联关系；四是企业与代理商、经销商、分销商之间的利益平衡。作为法务,将这四个层面的法律关系予以规范,无疑能够大大提升企业的整体价值。

3. 知识产权保护体系,提升无形资产

许多企业对于知识产权的理解局限于专利申报、商标注册等事项,这显然是远远不够的。从财富演变的历史轨迹来看,无形资产的威力将会越来越大,其所占的比例也会越来越大。法务需要帮助企业家树立知识产权意识,这种知识产权意识不仅包含企业自身知识产权的意识、知识产权侵权意识,也包含知识产权评估和保护意识。

4. 利用信息优势,提供商业机会

因为法务人员可以接触到各个领域、各个行业的企业家和投资人,所以具备其他任何人所不具备的信息优势。因此,法务可利用这种优势,为企业提供商业机会。

5. 整合商业资源,协助确立产业与行业优势

法务人员需要具备商业思维,这种商业思维并非用于个人的商业运营,而是指能为企业提供更好的商业上的建议,并且有助于进行商业资源的整合,从而为顾问单位创造价值。理查德·萨斯坎德在《法律人的明天会怎样——法律职业的未来》一书中认为企业法律服务的提供者为企业提供的价值包括三个方面:业务支持、风险控制、管理建议。从与企业的利润获取目标的接触深度看,三者有一种递进的关系。未来的法务人应在管理建议方面发挥出不可替代的作用,应与管理层理念保持一致,致力于提升企业核心竞争力。

三、法务在企业管理中的核心价值

法务在企业管理中的核心价值是战略决策、风险控制、竞争超越、增值经营。

如果将公司财务的核心作用归纳为公司利润表、资产负债表和现金流量表的话，现代法务应该考虑如何将纷繁复杂的业务抽丝剥茧，输出直观量化的工作成果。法务每季度至少要给公司管理层和董事会输出三张表：公司重大风险评估报告（风控）、公司重大诉讼和纠纷报告（竞争）、公司无形资产经营报告（经营）。

法律对于企业至少有三个方面的价值：行为规范、制度资源和业务指南。法律本质上是一种规则，它的价值首先体现在行为规范上，这也是企业对于法律价值最为认同的一点。如果违反了法律的规定，其后果的严重程度也非同小可，一方面，一旦违反会对企业整体造成战略性影响，如"王老吉"商标案，对相关企业造成的影响；另一方面，违反法律规则对于企业的整体管理以及业务安排都会造成影响。

此外，需要强调的是法律作为制度资源和业务指南的价值。

首先，和企业的人、财、物一样，法律也是一种资源，也能够为企业创造价值。最为典型的例证就是知识产权，一个具有专利的产品可以卖出更高的价格，这也是为什么对于一些高新科技企业来说，法律的价值显得尤为可贵。企业如果能够把法律的制度资源用熟用透，那么法律对于企业的价值会完全不同，这至少会体现在公司治理、风险控制、税务安排、业务模式以及合同管控等方面。以公司治理为例，一家公司的治理结构和表决权可以由公司章程来作出具体规定，而不一定完全由出资的股权比例来决定；再以风险控制为例，当一家公司成立时，是选择母子公司的格局还是总分公司的格局，结果会天差地别，由于子公司只承担有限责任，因此母子公司的格局往往会成为一些高风险行业规避风险的常用手段。

所以说，法律是可以带来制度上的资源和管理上的好处的，这个方面的价值值得企业法律工作者们好好挖掘。现在一些企业常常提倡法律不仅要控制风险，还要为企业创造价值，这才是真正意义上的创造价值。

其次，需要强调的是法律对于企业的业务指南的价值。法律对具体业务部门有指导作用，因为每一部法律、每一个法条都不是凭空产生的，而是大量社会生活经验和知识的凝聚，当社会生活中的冲突不断积累到需要国家强制力加以协调的时候，法律才会产生，这是一个基本的理念。在企业内部也是一样，每一个企业的规章制度、合同范本等都是对大量业务实践经验和知识的总结。

以合同范本为例，一个好的合同范本一定是一部好的业务指南。现在很多大中型企业都会费时费力弄出很多厚厚的合同范本来，可是业务部门却只把它们当作填空题来做，并不认真对待。合同范本毕竟是经验与知识的总结，对合同范本的认真研究可以成为经营人员熟悉业务、精通业务的一条捷径。法务人员应当多从这个角度与业务部门交流，使业务部门产生不一样的感受和认知。

第三部分

"E 法务"时代

第一章
"E法务"时代的春天来了

一、"E法务"时代

有关人工智能的讨论成为科学和法律领域的热点话题。科学技术能够帮助律师更有效率地提供服务,同时让人们更容易接近法律服务。科学技术已经发展到了人工智能阶段,未来会不会出现电脑替代传统的人力进行智能分析,出现"AlphaGo律师"

有人形象地描述"E法务"的春天来了。

滴滴打车和Uber颠覆了出租车行业,法律界的Uber——"E法务"正在颠覆社会律师业……

二、"E法务"是一个法律工具大全

"E法务"可以发布、查询法院公告、查裁判文书、查询诉讼进度等。

计算机对世界的了解指数般提升,有人预测,未来低档法务人员会失业。在美国,年轻律师已找不到工作,由于有了IBM沃森,几秒钟内就可以得到法律咨询,虽然到目前为止,多数还只是基本的法律服务,但其精确率达90%,比人工正确率的70%高很多。"沃森"可以帮助护士诊断癌症,比医生诊断准确率高4倍;"脸书"（Facebook）可识别人脸，此识别软件比人类的识别模式更好。最为人所知的人工智能律师 Ross，建立在 IBM Watson 提供的机器学习技术的基础之上，据称能自动检索法律文档数据库，找出与人提出的问题相匹配的答案。据美国媒体 Futurism 报道，美国百大律师事务所之一、拥有约 900 名律师的 Baker & Hostetler 表示，将启用人工智能机器人，负责协助处理企业破产相关事务。这是全世界第一个获得授权使用人工智能开展法律事务的大型律所。有别于其他机器人的女性名字，这款机器人拥有一个男性化的名字：Ross。Ross 是一个先进的研究机器，它能阅读现有法律及文献，从中得出结论，解答特定案例的问题，能够向那些使用普通话提问的人给出指导。它拥有的机器学习能力让它可以从过去的法律案例和与人类的互动当中不断提升自己的答疑能力，还可以帮助律师们更新他们的法律规范。

Ross 能为那些需要查阅大量法律法规的法律人节省大量时间。法律人无须自己消耗大量时间和精力阅读每一个单一的法律案例，因为可以从 Ross 那里迅速得到所需要的信息，这能让人类将更多精力投入到分析复杂细节和案件当中。

人工智能何时能主导法律实践，答案很难给出，有人说是"15年内"，也有人认为可能会更快。比起曾赚足了眼球但在实战应用中平平无奇的电脑辅助办案系统，无论是国外的 Ross、DoNotPay 等机器人律师，还是国内的法小淘、法狗狗等法律机器人，都已完成了进化——法律人工智能的应用正在以惊人的速度蔓延。从最基础的法律检索、法律文件准备，到必须根据算法给出判断的合同审核、法律咨询以及案件结果预测、诉讼策略选择等，我们能看到这一领域的进化。不过，法律人工智能将以何种方式打破法律共同体的平衡，还需观察。

　　法律人工智能是从法律服务市场开始的，投入在这一领域的开发者，多会将此作为产品盈利的方向。但这种"嫁接"其实并不像围棋等领域那样容易。从线下的法律服务市场来看，法院受案数是在增加，不过当事人对上法院打官司多数仍还抱有戒心。熟人社会的交往逻辑决定了当事人在纠纷解决过程中，更愿意选择信任熟人而不是优先选择相信由人工智能推荐的某位法律人。拥有大量法律服务需求的商界人士，很多也并不太乐意在纠纷发生前就延请一位律师提供帮助——当他们迫切想要找一个律师的时候，往往已在纠纷发生之后。这种接受法律服务的大众心理，要从根本上发生转变，还有赖于伴随互联网成长的一代人开始成为法律服务消费者。

　　对人工智能推荐的律师天然的不信任感，无非是因为律师所提供的是一种基于专业背景的人的服务，而不是某种可以直观评价的物质产品。既然如此，建立律师的社会评价体系和专业评价体系就成了法律人工智能所迫切需要攻克的难题。一个基于云端的律师数据库，被认为可以初步解决律师与当事人之间的信任关系问题。比如，在某个移动客户端或某个即时通信工具中，只要当事人摇一摇通信工具，就能利用地理位置功能圈定位同城甚至同一生活圈内的社会律师，而点开这位律师的头像还能看到他的基本信息，以及他所经办的案件和处理结果。当然最重要的，还应该有客户对律师的评价，这就像淘宝的生态圈。

　　此外，制约法律人工智能发展的可能是当地司法公正和司法公信的水平。如果当事人多数都认为专业技巧并不是聘请律师最应看重的，那就不可能产生成熟的基于人工智能的法律服务网络平台。所以，值得关注的法律人工智能，不仅包括法律电商，更应包括司法机关。加大司法公开的广度和深度,在法律人工智能领域精准施力、积极参与应成为司法机关的标配。这还涉及法律人工智能红利的公平分配,在控辩关系上,法律人工智能将使得一直以来制约刑事辩护人的阅卷时间短等问题不再成为问题,司法机关长年受制的"案多人少"问题,也将得到极大地化解。当司法圈与法律服务圈在法律人工智能领域携手共进,互享红利,以科技进步促进司法公正就不会只是一个梦想。

第二章

电商平台，互联网化的法律服务方式转变

一、互联网法律服务

随着时代的发展，一些改变传统的法律服务行业悄然产生。2016年美国律师协会年度报告提到了目前在美国法律市场正在发生一些重要的变化。

1. 新型互联网法律服务备受青睐

在美国，企业及个人都要求律师及律所能更有效率、更低成本提供法律服务，但许多传统律师和律师事务所仍然用传统服务报价模式，按照小时计费，拒绝积极配合客户进行改变，回应十分缓慢，结果导致客户开始选择其他更高效的创新服务平台来解决需要法律解决的问题。这些服务平台大都利用互联网技术，公司化运作管理，让客户可以简单快速地以较低成本获取法律服务。本书写作的十年前，美国法律服务市场还没有一家线上法律服务的公司，但是过去五年，线上法律服务公司以每年11%的速度成长，近一两年，线上法律服务行业的整体收入已经高达41亿美元。

2. 组织结构转型，"非律师"也有机会成为律所的合伙人

在美国法律服务市场，传统律师和律师事务所正在面临新的竞

争，竞争不只是创新服务模式，还包括组织形态的创新，因为这些新创法律服务公司都有优秀的技术和资本支持，律师和律所为了实现服务创新，也开始讨论非律师可否成为律所合伙人的问题。同时，出现所谓适应商业结构制度设计（ABS，Alternative Business Structure），让"非律师"的技术人员或其他人可持有部分律所股权利益。目前在美国，只有华盛顿 DC 和华盛顿州允许 ABS，另外，英国、意大利、西班牙、丹麦、德国、新加坡、新西兰、加拿大等国家都已经允许 ABS。

3. 法律互联网新创公司成长迅速

美国市场上法律互联网新创项目已经从 2009 年的 15 家公司成长到 2016 年的 1000 家。这些新创公司大多是基于互联网技术发展出来的各种服务应用，包括法律数据分析服务、智能自动合同生成服务、法律协同工作平台等，这些法律创新应用的出现，不论是数据类、服务类或是工具平台类，正在逐渐改变法律人未来的执业方式，同时让客户能更高效地获取法律服务。

科学技术结合法律服务，不论是自然演化或是"替代革命"，都是法律人未来职业必须学习、面对的新课题。

二、互联网法律服务的创新点

1. 打造法律服务互联网化的新模式

法律行业创新的重点之一是将传统的法律行业与互联网服务联系起来。在美国，许多律师和律所面临新形态的法律服务持怀疑态度，并存在许多保守意见；但是律协报告指出：不论律师、律所甚至法院本身都必须开始实践以当事人需求满足为导向的创新，与数据和技术相结合的法律服务将会是法律人的未来。《法律人的明天会怎样——法律职业的未来》一书的作者提到,未来的法学院,除了法学理论等基础法学课程外,互联网技术及人工智能会成为从事法学研究的必修课程。

2. 拓宽法律服务的辐射范围

法律服务另一个可能的发展重点在于如何才能让民众更加贴近法律服务。在美国,包括中产阶级在内的许多人需要法律服务时仍无法获得,46%受访者都是靠自己解决法律问题。在中国,如果按照各省社会律师数量除以各省人数,只有9个省份城市超过平均,其余省份社会律师人数比平均还低,这意味着社会律师本身作为资源就分配不均。从社会律师服务企业角度看,全国工商登记公司数量有3000万家,再加上个体工商户总计有8000多万家,平均一个社会律师应该分配到100~260家公司。但实际法律服务市场的业务从收入来看主要是集中在各地较有规模的律所。这一问题的解决需要依赖互联网的协助。美国研究报告指出:因为互联网发展迅速,许多个人律师和中小型律所才有可能直接在互联网平台上建立专业口碑及影响力,甚至跨区提供服务。许多律师和律所开始投入线上服务,聘请熟悉SEO、SEM的技术人员来执行市场营销预算。

3. 法律服务的电商化

法律服务的电商化可以使用户以更简单、高效、经济的方式享受法律服务。对此,客户可能用脚代替手投票,实现新型法律服务提供商的弯道超车。

参考美国的legalzoom,其提供的是法律服务中最为简单的部分,即法律文件和法律咨询。但中国市场的服务提供商提供的是法律代理服务,即通过过往代理质量的评价机制,让客户更容易地找到适合的律师,从而实现服务提供商和消费者之间的快速对接。

萨斯坎德没有提到的另一个问题,即互联网服务的用户至上逻辑。对于传统法律服务而言,不论客户有什么需求,都可以纳入法言法语构成的法律关系。但是,互联网语境下,需求者即使缺乏法律判断、事实判断和法律决策能力,也可以对服务进行选择和评价。他们喜欢更简单、体验良好的交互,喜欢凭借口碑和信任行事,而这也对于传统法律服务的模式产生了新的挑战。

好在,这些挑战在中国当前的移动互联时代,并不是什么难事。移动互联已经形成消费者主导的氛围,这将给中国的法律电商以巨大动力来进行自我改进。这一切在英美的同行眼里,或许已经到了难以想象的程度。残酷,然而势在必行。传统的法律服务模式正在一步步地被互联网技术所改变。所以,用互联网技术创新改变传统法律服务模式,是互联网与法律的深度融合,也是不可阻挡的法律趋势。

4. "互联网 × 法律",创造力更大

两个完全不同的事物相加,可能会产生超出预料的效果。然而当两个事物相乘,却可能爆发出惊人的化学反应。

"互联网 + 法律"从业者往往会有这样的感慨:"互联网 + 法律"的创新难度远远大于别的行业,比想象的还要难得多。

在徐敏看来,互联网与法律不是一个简单的"+",他觉得用"互联网 × 法律"更恰当,这是一种真正的深度融合,既不能违背法律的本质特征,又要符合互联网的用户体验,这需要花很多心思。当然,它的创新影响力也是惊人的。

"法律谷"在案情描述之后，自动判断了所描述的案情类别，然后推送了相应类别中常见的焦点问题供当事人选择，然后综合案情描述和选择的焦点去搜索类似的案例。"法律谷"已经预先对所有的文书进行了深度分析，提取了每个律师的办案经历，从案件的类别、地域、金额、胜诉率、涉及的焦点问题等多个维度为每位律师生成了一份翔实的律师报告。

在当事人输入案情和筛选条件后，"法律谷"会根据类似案例和筛选条件（标的、地域等）为其推荐律师，并且当事人可以立刻点击查看律师的执业经历分析报告。为了解决许多法律文书没有上网的问题，"法律谷"为律师们提供了上传文书的机会，一方面可以让专业的律师更容易被搜索到，另一方面也让律师们的分析报告更接近真实水平。

当一部分法律人对互联网带来的改变并不认同时，我们是不是可以反思，互联网给法律带来的影响或许并不够深？不管哪个行业谋求与互联网的结识，都需要深度融合。

当"互联网＋法律"向"互联网×法律"发展，简单地效应产生出"革命式"的改变时，这或许才是互联网与法律结合的真正归路。

三、传统法律服务的转型

对于已经发现的法律行业潜在的法律服务创新点，传统的法律服务提供者又应该如何实现转型呢？

1. 传统法律服务需要提升效率、降低成本、确保品质

目前传统的大型律师事务所也开始突破创新，尝试在线上提供

服务接口。例如,著名的英国律所 Linklaters 和美国 A&O 律所已经开始提供线上法律服务,将系统化整理好的法规专题研究及模板合同提供给客户进行线上参考使用,减少客户等待律师的时间,律师也有更多时间去解决更困难的法律问题。HS 最近在上海成立了一个中国法律服务中心(Alternative Legal Service Center),通过技术和专门团队处理了大量重复性高的法律业务,工作流程标准化、成本低、服务效率高。

传统律所的互联网创新应用暂时只限于律师及律所和客户之间的信息共享及效率提升,但在未来,律师很有可能在开放互联网平台上,基于真实专业社交和执业经验分享,进行不涉及案件和客户信息的业务交流及知识分享。

2. 传统法律服务需要结合互联网技术、人工智能不断创新

数据支持法律服务。美国是案例法国家,不论是专业律师或企业在作法律研究、风险预测、合规管理时都需要更多数据支持。目前在美国有几家专注法律数据分析的公司,这些公司充分利用技术对法律数据进行挖掘整理,帮助律师、法务进行业务开发,了解目标客户高发业务风险区块,同时在具体案件上提供法官判案倾向预测、同类案件的胜诉率及同类同判或不同判的主要理由。这些公司主要提供信息及顾问咨询服务,利用大量法律数据作为分析研究对象,采用人工智能技术,积极帮助法律服务提升工作效率及客户满意度。

人工智能已经开始在法律领域实现创新应用。人工智能是比较新的领域,创新应用必须建立在人工基础上才能实现。在美国,目前人工智能在合同审查、自动化生产合同方面的应用比较成熟。法

律服务必须先建立基础模块，通过语意分析建立关联规则，再经由用户行为进行优化，这些需要时间和人工累积才能提供人工智能的准确性。

对于法律从业者来说，必须面对改变，开放心态拥抱创新，才能在维护司法正义道路上，实现保护公众利益的核心价值。"若无法适应，那么很多传统的法律服务机构必将被淘汰出局。"英国作家、演说家、大英帝国勋章获得者理查德·萨斯坎德斩钉截铁地说道。

3. 法律服务演进的五阶段

萨斯坎德提出了法律服务演进五阶段的说法。第一阶段，法律服务市场是封闭的，由社会律师垄断；第二阶段，法律服务市场的限制将被打破，社会律师的工作机会开始被其他机构分流；第三阶段，法律服务市场完全开放，新兴法律服务提供者将会非常活跃，与社会律师争夺市场占有率；第四阶段，法律行业将充分吸收新兴技术和组织模式，并且在其他法律服务者无法替代的领域重新获得核心竞争力；第五阶段，形成由律师主导的多元化法律服务市场，这是传统法律服务市场进化的终结，但却是法律人自身进化的开始。

法律服务电商化已经不是一个新鲜词。通过云计算来提炼案例的共同特征，从而迅速给出法律咨询意见，已经不存在什么技术障碍。而通过大数据方式，获取各类当事人的行为习惯、各类辩护社会律师的常用策略，以及影响法官作判的主要因素——甚至对这些因素进行量化分析，并制订具体应对方案，都已经不再是纸上谈兵。

4. 传统法律服务方式仍会保留

中国人对于法律服务的现实需求，远远超过英美国家。这种需求是基于现实法律服务的匮乏产生的，并且构成了切实推动模式更新的内在动力。

有数据表明,在英美等国,全民的人均律师数量是中国人均律师数量的上百倍。获得律师服务虽然费用上显得比较昂贵,但在便捷程度上超过发展中国家。加上风险代理、司法援助等制度的有效运作,使得真实的律师服务成本远没有看上去那么高。

在中国,法律服务对于有些普通人而言是昂贵而且难以获得的,寻找一位不依赖于社会资源、政府关系,而是基于法律知识提供服务的社会律师,确实有难度。

其实,这种情况在英美也存在,用萨斯坎德的话,寻获一位有水平、有能力、有操守的律师,犹如找一位能够药到病除的医生一般艰难。而且,律师在取保、庭审、辩护等环节的工作,也往往难以向当事人说明其窍门。因此,萨斯坎德认为,传统律师虽然会受到冲击,但他们的工作方式仍将存留下来,因为"与其说法律是一门科学,不如是一门与人相处的艺术",而艺术是难以标准化和粘贴复制的。

对此,萨斯坎德认为,正是因为传统法律服务与个人高度相关,当事人获取法律服务,必须遵循老律师所制定的规则——他们事实上成为法律服务进化最大的阻力。因而,未来法律服务的进化,势必先从寻找替代性的执业人员来取代老律师开始,这就是萨斯坎德所说的"执业泛化"。

处在监管模糊地带的新竞争者,表面上从事的不是法律职业(如搜集电子证据的工作者),实际却顺应了消费者真实的法律需求。传统营业方式的缺陷日益显现,效率低下造成成本的上涨,但新竞争者简化操作的方式却缩减了开销,在降低服务价格的同时保证了盈利。对此,萨斯坎德预测道:"传统大所的经营模式将会终结,因为这与新兴市场格格不入……许多曾经由律师完成的工作现在转移给了那些价格更低、效率更高的其他执业者……法律技术的黄金时代已经到来。新竞争者涌入法律行业对律所造成重创，但也将从根本上推动其创新迭代。"

5. 现存的互联网化的法律服务

美国 Legalzoom、Rocketlawyer 的传奇式发展轨迹，带来的法律电商春风，吹绿了春意萌动的国内创业者，一夜之间国内多家法律电商网站上线。上海磊天律师事务所的张磊律师在其《互联网——重塑"律师执业"的历史性机遇》一文中对现存的互联网化的法律服务做了一个简要的分类，内容如下：

（1）数据库销售类：专精于对法律知识库的数据建设和检索，并以使用出售作为盈利模式，如"北大法宝"。

（2）律师超市类：将律师作为"淘宝店"模式展示的类门户法律网站，主要以广告位获取利润，如"中顾网"。

（3）线上产品类：以部分法律服务做成线上产品予以销售获利的电商，如"知果果"、早期的"绿狗"等。

（4）中间商类：即用"撮合机制+留置评价机制"来促成客户端和服务端的交易，如"赢了网"。

（5）律师培训教育类：以课程、讲座、电子书籍出售为盈利模式，如"无讼""智合""律师商学院"等。

（6）专业律所+互联网推广类：如"尚伦创业""蓝白所"等，其名义上是互联模式，本质是"互联网+专业律所"。

（7）法律人自媒体类：如"法律读品""高杉 LEGAL 公众号"等。

（8）将上述几类模式进行排列组合的多元模式类。

应该说理想很"丰满",现实却似乎有点"骨感",事情总不会像预期般美好,因而,如何促进国内法律服务电商的发展是一个值得思考的命题。

四、互联网对法律服务业的影响

1. 对法律服务者

互联网的发展对于法律服务者来说应该是利大于弊的,除了不利于传统的法律服务者的生存,互联网将推动整个法律服务行业的更新换代,主要有以下优势:

(1)形成准确的市场定位

社会越发达,专业分工越精细,例如在中国法律业务开端的早期,是没有所谓诉讼业务和非诉讼业务的区分的,后来精于诉讼的成为专职诉讼律师,而在合规、文书等方面更有优势的则成为非诉律师、法务经理。而互联网的出现必然加快这一趋势,互联网为法律服务者提供了有利的平台,加快形成准确的市场定位。

(2)提供便捷的个人营销平台

一个优秀的法律人,同时也需要是一个优秀的营销人员。营销是获得案源的重要途径,在没有互联网,或者说互联网不够深入的时候,法律人通常都是用发名片、打广告等传统营销方式,这对于法律人来说是一个不得不背的包袱。随着互联网的发展,让更多法律人有了展示自己的平台,通过微博、微信等向更加精准的潜在客户营销自己。付出的不过就是网费和心思,比起高昂的广告费用,社交化营销已经成为越来越多法律人的选择。

(3) 节约办案成本

过去，法律人要为查资料、保持与当事人沟通、异地调查等支付不菲的费用。如今，通过社交工具可以保持和当事人的深度沟通，互联网上的海量资料随意查询，节省了精力和时间，免去了一些不必要的异地调查。对于律师来说，能压缩办案成本，本身就是在增收。

(4) 为年轻法律人提供舞台

高端市场被资历深的社会律师牢牢掌控，年轻法律人因为缺乏资历、人际、背景，一般触摸不到案源，如果给法律人一个新的展示舞台，那么那些更有能力、综合素质较强的法律人可以更快地脱颖而出。

(5) 加快法律服务行业的优胜劣汰

互联网发挥着日益重要的舆论监督作用，在互联网环境下，法律业务资源进一步向"知名律师"与中心城市转移，低端法律人将被市场所淘汰，"村镇法律人"的生存空间进一步受到挤压，使得法律人的"法外手段"失效。

2. 对客户

对于客户来说，整个法律服务行业的改善就是对其最大的好处，互联网降低了律师的办案成本，必然也将反馈到客户身上，会大大降低客户的法律服务成本。淘宝律师的兴起，使得法律服务出现了"白菜价"，对于客户来说，费用降低的同时是否意味着办案质量的降低，这是他们最关心的问题。如何更加有效率地对互联网化的法律服务行业进行管理和整顿，这是一个必须尽快解决的问题。那么，互联网思维下的法律服务需要解决哪些问题？

互联网思维下的法律服务需要解决以下问题：互联网法律服务

到底要界定为互联网行业还是法律服务行业？互联网法律服务的安全性如何保障？互联网法律行业如何规范、有序、正当竞争？互联网法律服务如何进行行业管理和整顿？未来的互联网法律服务是趋向个性化还是标准化和规范化？

五、预测与思考

面对互联网等高科技，人们总是会产生各种想象，但是笔者觉得，未来"互联网+"下的法律服务是一个可见的命题，其想象空间并不是不着边际的。在目前的环境下，对未来的预测和思考都是有章可循的。

第三章
电子化招标

一、招投标大变革来了

2017年2月21日,国务院印发了《关于促进建筑业持续健康发展的意见》,提出"尽快实现招标投标交易全过程电子化,推行网上异地评标"。2017年2月28日,国家发改委网站发布《关于印发〈"互联网+"招标采购行动方案(2017—2019年)〉的通知》。由此可见,电子化招投标,就要实现了!

全面贯彻党的十八大和十八届三中、四中、五中、六中全会精神,深入贯彻习近平总书记系列重要讲话精神,以"创新、协调、绿色、开放、共享"新发展理念为指导,着力深化体制机制改革,创新招标采购交易机制、公共服务和监督方式,培育招标采购市场发展新动能,更好地发挥招标投标制度在现代市场体系中的作用,降低制度性交易成本,提高资源配置质量效率,推动政府职能转变和党风廉政建设,助力供给侧结构性改革,促进经济社会平稳健康发展。

一是坚持政府引导、市场调节。按照"放管服"改革要求,破除影响"互联网+"招标采购发展的思想观念、体制机制障碍,从发展规划、技术标准、交易规则、安全保障、公共服务等方面,引导各类市场主体积极参与电子招标采购平台体系建设运营。充分发挥市场机制作用，培育"互联网+"招标采购内生动力，推动招标采购从线下交易到线上交易的转变，实现招标投标行业与互联网的深度融合。

二是坚持互联互通、资源共享。按照统一标准、互利互惠的要求，依托电子招标投标公共服务平台，加快各类交易平台、公共服务平台和行政监督平台协同运行、互联互通、信息共享，实现招标采购全流程透明高效运行。加快电子招标投标系统与公共资源交易平台、投资和信用等平台的对接融合，推动市场大数据充分聚合、深入挖掘和广泛运用。

三是坚持创新监管、提高效能。依托电子招标投标系统，充分发挥"互联网+"监管优势，实现平台技术创新与监管体制机制创新同步推进，推动动态监督和大数据监管，强化事中事后监管和信用管理，完善行政监督、行业自律和社会监督相结合的综合监督体系，进一步提高监管效能。

2017年，建立健全电子招标采购制度，必须招标项目基本实现全流程电子化招标采购。2018年，全面实现电子招标投标公共服务平台、交易平台、监督平台，与其他信息平台互联互通。2019年，实现全国电子招标采购系统互联互通，全面发挥监管作用。

该《"互联网+"招标采购行动方案（2017—2019年）》（以下简称《方案》）是自2013年颁布《电子招标投标办法》以来，推出的一个较为全面的关于电子化招标采购发展方向的重要文件。文件中不光明确了行业发展的方向和任务节点，同时也诠释和明晰了前期大家有所争论的观点，回答了在电子招标采购发展中的一些疑惑。

二、大平台，"三权分立"

招标投标交易主要依托三大平台，即交易平台、公共服务平台和行政监督平台，实行"三权分立"。

交易平台完成在线招投标、采购交易等，逐步取消纸质采购；公共服务平台，对接交易平台和行政监督平台，免费开放公开市场信息，不得具有交易功能，各地的电子招标投标公共服务平台与本地区公共资源交易电子服务系统，可以分开建设，也可以合并建设；行政监管平台对招标采购全过程进行实时在线监管，不得与交易平台合并建设和运营，也不得具备任何交易功能。总体要求：凡是能实现网上办理的事项，不得要求现场办理；凡是能够在线获取的市场主体信息，原则上不再要求市场主体以纸质方式重复提供；凡是能够通过行政监督平台在线下达的行政监督指令，原则上不再出具纸质文件。但是，可提供增值服务，公共服务平台采用政府与社会资本合作方式建设的，除免费提供依法必需的公共服务外，可以通过提供个性化增值服务等方式，建立平台可持续运营机制。

《方案》提出："鼓励中央企业和省属国有企业的交易平台，按照规定与国家或省级公共服务平台，以及相应的行政监督平台连接并交互招标信息。""大型国有企业特别是中央企业应当发挥好带头示范作用……为交易平台发展作出表率。"这两个表述当中，有两层含义值得关注：一是央企和省属国企可以依法自建交易平台，明确了国有企业建设运营交易平台的合法性，而且这种行为属于"表率"作用；二是鼓励国企交易平台与招标投标公共服务平台和行政监督平台对接。为此，要加强以下几个方面的建设：

第一，加强系统互联共享。推动各级各类电子招标投标交易平台和行政监督平台以公共服务平台为枢纽，按照《电子招标投标办法》及其技术规范要求，实现互联互通和资源共享。交易平台应当选择任一公共服务平台对接交互信息，并可依法直接与相应的行政监督平台对接交互信息。鼓励中央企业和省属国有企业的交易平台按照规定与国家或省级公共服务平台，以及相应的行政监督平台连接并交互招标信息。公共服务平台应当与相应的行政监督平台实现对接，并负责将交易平台依法交互的交易信息、信用信息推送至相应行政监督平台。下级公共服务平台应当与上级公共服务平台对接交互信息，鼓励同级公共服务平台之间互联对接，逐步形成全国纵横联通的公共服务平台网络体系。

第二，实现与公共资源交易平台整合共享。电子招标采购是公共资源交易的重要组成部分。各地电子招标投标公共服务平台与本地区公共资源交易电子服务系统分开建设的，应当明确各自功能服务定位，协调统一技术标准和数据规范，并相互对接共享信息，充分发挥各自服务功能优势；合并建设的，应当符合规定的技术标准和数据规范，满足公共服务基本功能要求，并按规定与上级电子招标投标公共服务平台和公共资源交易电子服务系统交换信息。

第三，推进与投资和信用平台协同共享。鼓励电子招标投标交易平台、公共服务平台、行政监督平台与政府建立的投资项目在线审批监管平台对接，实现投资项目全过程在线运行、闭环监管，建立健全纵横联动协同投资监管体系。推进电子招标投标系统与信用信息共享平台对接共享。电子招标投标公共服务平台应当与信用信息共享平台对接，按要求与信用信息共享平台交互数据信息，并为市场主体查阅有关信用信息提供便利，实现招标采购信用信息与其他领域信用信息的互认共享。

第四章
合同信息化管理

　　管理是理念传达、交流、执行、检查、反馈等活动的总体概念，其中最重要的活动就是将管理理念、决策、指令、措施、方法、执行等以及与这些理念相关信息融入到企业运行的各个操作流程和系统中。我们从其涵盖的内容、涉及的深度和广度等方面，就可看出管理是一项运行复杂的活动，它在运行过程中将产生大量的信息和分支概念、分支方法、分支行为等，在这些分支下还存在若干子活动、行为、动作，这些繁杂多变的活动形成了一个金字塔式的相对独立又相互连接、繁杂而又有一定规律的网状系统，这些系统靠人的自然记忆是无法分析、整理、储存的，对它必须有一个全面的行之有效的管理方法，这就需要数字化管理。

　　此外，现代企业管理要求的是高度的精确概念、准确的数据判断、及时的信息反馈，企业管理行为需要大家共同认知和认可，所有发出指令所要求的操作行为都要有依有据，都要及时准确，都要有案可稽，都要有事后的总结和检查、反馈，都要有考评与激励等。管理的基本要求表明，管理亟须一种规范、准确、可靠、及时、清晰、具体的运行方式，那就是管理的数据化。以下以"中国石化"为例展开叙述。

一、合同信息化管理的建设理念

1."一体化"建设实现集中管理

遵循"统一规划、统一设计、统一标准、统一投资、统一建设、统一管理"的"六统一"原则,合同管理信息系统采用了服务器大集中模式。在合同管理信息系统框架搭建上,确立了涵盖制度、流程、标准文本的中国石化一体化的合同管理标准体系。在管理上,采用集中管理思路对业务运行、系统保障、人员配备等进行一体化管理,从而提高管理效率和质量。同时,充分考虑不同板块、企业的差异性特点,摸索出了"统一规划设计、标准化实施模板、差异化灵活配置"的设计模式和"集中组织培训初始化、企业现场个性化功能配置"的集中加分散的实施模式,满足了从总部到基层各层级合同管理的需求。

2."模块化"设计实现全流程管理

合同管理信息系统采用模块化设计,将各项功能通过模块的设置来实现,整个系统共包括合同订立管理、合同履行管理、合同终结管理、合同查询统计、合同监管、标准文本管理、个人工作助理、应用与系统管理、系统接口等模块。各模块功能既相互独立又相互联系,共同构成一个有机整体。建立起由企业法律部门统一归口,各业务部门、各单位分专业分职能参与管理的模式,实现了合同的准备、起草、审核、会签、审批、跟踪执行、终结、归档、查询统计等的全流程管控和规范化管理。

3. "集成化"系统实现信息共享

合同管理信息系统建设之初,就十分重视合同管理信息系统与其他已建、在建和拟建系统的对接和集成。目前为止,合同系统与中石化企业资源管理系统(ERP)、数据标准化管理系统(MDM)、电子商务系统(EC)、电子数据仓库(EDW)、招投标系统、办公自动化(OA)、业务公开、制度管理、信息门户、档案管理等17个系统和企业自建的89个系统建立了数据接口,消除了信息孤岛,实现了数据集成、信息共享。合同管理信息系统通过与业务系统的集成,使合同管理真正嵌入到业务流程之中,确保合同签订成为业务办理过程中不可逾越的一环,避免了合同办理和业务操作"两张皮",保证了合同信息与业务信息的同步,真正实现了法律与业务的有机结合。

4. "功能化"设置确保系统性能

针对合同管理用户多、流程多、审批点多的特点,重点从单点登录、待办集成、消息提醒、工作流程灵活配置等功能方面进行了创新与探索,如针对各板块合同业务类型不同、审批、规则不统一的情况,设计开发了分布式工作流引擎,基于可自助配置的图形化流程工具,支持全自动、半自动、手动、选择分发、选举、指派等多种灵活的合同审批模式,既保证了合同管理系统的方便易用,又满足了企业差异化的合同审批需求。系统初步具备资源动态调度、功能灵活配置的能力。

5. "标准化"提高风险防控水平

将标准合同示范文本作为合同管理信息系统建设的重要抓手。总部层面组织开发800多份不同板块、不同类型的标准合同示范文本，企业在总部基础上优化开发各类标准合同示范文本2800多份。这些标准合同示范文本被嵌入合同管理信息系统中，经办人员在填写合同要素信息后可自动生成业务合同文本，在方便操作的同时降低合同文本风险。同时在系统中设置标准合同示范文本使用率监控指标，可以动态监控和分析企业使用情况，以便有针对性地采取相应措施提高标准合同文本使用率。

二、合同信息化管理的应用效果

1. 实现了合同统一规范管理

在总部统一规划下，各企业在配置合同系统时，必须严格按照中国石化统一的内控制度和合同管理制度进行设置，通过技术手段进行流程固化后，合同审批内控权限得到有效执行，合同法律审核成为绕不开的环节，合同的法律审核率也得到有效保障，有效杜绝了不经法律审核签订合同的现象。通过人管系统、系统管人，使得每一家企业在合同管理中的每一个环节都严格按固化的内控流程和合同管理制度运行，不可逾越和变通，"软要求"变成了"硬约束"，实现了中国石化统一的合同管理制度在全系统各企业贯彻执行、落地生根和全公司范围内合同管理的一体化、专业化、标准化、规范化。

2. 建立起合同法律风险防控的技术体系

合同管理信息系统可以全面、实时反映中国石化合同运行状况和风险分布，为合同风险识别、评估、应对提供科学数据依据。在合同管理信息系统中，合同签署的过程和审批办理痕迹无不在系统中被完整记录下来，不可更改，留有证据，易于追溯，责任清晰；

合同相对人资质及履约评价公开可查询，利于从源头上管控合同风险；系统可对履约异常情况进行提示，完善了事中管理；合同结算由系统按照合同条款进行控制，有效降低资金风险。另外，中国石化标准合同示范文本平均使用率已从合同管理信息系统上线前的30%提高到70%，部分企业高达90%。合同发案率大幅下降，充分发挥了合同法律风险防控信息技术体系的支撑作用。

3. 实现了合同的"阳光管理"

合同系统可以动态、全景式地展现每一份合同的流转过程。只要上线，总部和企业各级管理人员可根据授权，查阅合同相关信息，掌握具体合同的订立和执行状况。合同系统通过与业务公开、审计等系统的集成，使合同数据可以为各级监管部门共享，真正实现了透明化管理。总部纪检监察和审计部门可对总部及下属单位的任意一份合同进行在线监督，对不同单位之间的物资采购等合同进行价格比较，及时发现违规问题。所以，合同管理信息系统成为规范管理、堵塞漏洞、防止暗箱操作的"阳光工程"。

4. 数据共享提供决策支撑

通过数据接口，合同系统实现了数据同源、信息共享，消除了信息孤岛，保证了各系统间数据的完整、准确和一致。系统强大的统计分析功能，可以将集成的数据进行多维度、图形化、表格化分析，为合同风险识别、评估、应对提供准确的数据支持。通过"合同系统驾驶舱"，总部和企业各级管理人员可以全面、实时掌握全公司合同运行和风险分布状况，随时监管和评价企业合同管理情况，及时发现存在的问题并予以警示和防范，在为公司生产经营决策提供有力的数据支撑和保障的同时,有效防范了生产经营中的法律风险。合同系统已成为中国石化生产经营管理核心数据源之一,这对提升法律管理水平,进而提升中国石化整体管理水平具有重大意义。

5. 合同管理效率和效益明显提高

中国石化行业点多、线长、面广,传统合同管理模式需要经办人拿着纸质文件奔走于各部门之间办理会签审批手续。跨省市、跨地区、跨国家经营活动如需要通过舟车奔波或者邮寄等传统信息交换方式传递合同,必定导致效率低下、成本浪费,甚至有时会贻误商机。合同管理信息系统空中高速路的建成,实现了合同的无纸化流转和网络化管理,彻底打破了时空界限,合同经办人足不出户可以随时办理合同并查询合同流转的进程,同时对审核审批人提供智能化提醒服务,大大缩短了合同的流转时间。合同系统上线后,与传统手工操作相比,合同平均审批周期从 15 天下降至 7 天以下。另外,合同管理信息化大大节省了打印纸张和墨粉,实现了绿色低碳环保,经济效益明显。

现在许多企业都实现了合同信息化管理。

第五章
大数据催生智能交易

一、概况

2009年3月,卡拉尼克和坎普在洛杉矶创办"UberCar"(优步)公司,为当地人搭起连接打车服务和租车公司的桥梁。优步成立之初,仅在苹果手机应用及优步官网推出了"Uberblack"服务,这一服务主要提供高档轿车短租业务。在美国这个人均汽车保有量居全球第二的国家,市民并不缺普通款轿车,但是大部分人很难以可负担的价格使用高端轿车,优步的出现恰好满足了高端车短租市场的空白,而随叫随到的实时性让豪华车租赁变得比在路边拦出租车还简单方便。如果说优步是准备用一把利剑劈开传统出租车和租车市场的话,那么易到就是同时用多把剑将传统市场"撕碎"。2010年5月,易到在北京成立,它最初的设想更偏向于用互联网的方式整合租赁公司的闲散资源。"汽车租赁行业现在是小而散,2009年全国约有6000家在册的汽车租赁公司,其中仅20家自有车辆超过300辆,大多数租赁公司都是5个人50辆车。"周航说。因此,易到一经上市就覆盖从豪华轿车到普通轿车的各种车型,租赁方式除了传统的日租,为了利用司机的闲散时间,还推出了半日租和时租。但是,截至2014年底,优步已经进入全球53个国家,入驻城市超过250个,平均而言,每星期它就会进入一个新城市;而易到仅仅进入中国国内的74个城市,在海外也只入驻纽约、旧金山、菲尼克斯、洛杉矶和伦敦5个城市。为什么优步能够迅速扩张至全球各地,而易到才刚刚开始进入国际市场?是什么造成了中外两个企业如此大的不同?如果用餐厅来形容优步和易到的服务模式,那么优步就是麦当劳,易到就是海底捞。就像全球各地的麦当劳都有标准化的巨无霸汉堡一样,优步的业务流程能够适应它在全球各地的服务:打开应用程序,叫车,输入终点,几分钟后一辆车就停在你的面前。优步利用全球各大城市汽车租赁公司的空置车和市民自用车等闲散资源,除即时短租服务外,不提供其他更长时间的服务,只在车辆的档次上按照不同城市的情况为客户提供选择。这样的服务使得优步能够在全球各地快速复制自己的服务,以满足不同人群的不同需求。此外,优步的应用程序简单得令人赞叹,从下单到上车不会超过5步。这样用户的学习成本低,能够快速上手,而优步的教育成本下降,便于迅速扩张。

从优步首席执行官的官方博客中,可以找到其对优步使命的解说:"优步的使命很简单,为每个地方、每个人,提供像流水一样可靠的交通。"与优步的愿景相比,易到也有一个梦想,那就是——"让所有人能够轻松出行"。从两家公司的愿景中,我们可以发现它们都注重为"所有地方的所有人"提供服务,不同的是,优步注重的是安全可靠,易到注重的是轻松方便。

共享经济源自于一种认知:如果每个人都按自己的兴趣来过日子,那么资源很快会因为物欲而枯竭。于是,在人口激增、资源枯竭的背景下,共享经济应运而生,它意味着一种全新的商业结构。在共享协作的运行机制中,人们不再强调所有权,参与者之间的关系没有建立在所有权和使用权的分配交易上，而是由参与者提供产品或服务的入口，以径直对接需求，实现资源的优化分配。提供入口正提供了一种共享的可能性，不相识的顾客因为入口的开放可能相识，"共享经济"一词因此意味着一场可能性的未来。共享经济模式是眼下最热门的话题。2016年初，"共享经济模式"被正式录入牛津英文字典，其定义为："在一个经济体系中，通过免费或收费的方式，将资产或服务在个人之间进行共享。信息一般以互联网的方式进行传播，多亏了共享经济，你可以在自己的需求得到满足的情况下，将闲置的资产比如汽车、公寓、自行车，甚至WiFi网络出租给他人。"

在平台上开辟一个股市频道，自己解决股票流通问题就搞定了，根本无须券商、证监会、独立董事。这些钱怎么流都在这个零成本的池子里面，也就消除了风险。我们愿意为自己的未来负责，所谓对冲基金和各种基金对我们的影响自然会被清零。社会在发展，人类在进步，并不是所有职业都永远被需要。40年前，牛车曾经在中国扮演着重要的运输工具的角色，但40年后呢？所以，不要寄希望于社会为了适应你们的职业而保持不变。金融中心、传统股市、券商、投行都是非互联网时代的产物，在非互联网时代，有钱人聚集在某一城市，才能够实现资金的快速集结，才能实现资本对产业的有效支撑。而在互联网时代，货币集结方式已经发生根本性的改变，余额宝上线1年多，用户过亿，筹集资金量超过1万亿，这显然比任何券商和金融中心筹集资金的能力都更加强劲。

显然，共享经济作为一项新生事物，正以其迅雷不及掩耳的速度冲击着我们传统的生活方式。正因如此，创业型企业也在资本市场的推动下，如雨后春笋般地在全球生根发芽。其中最具代表性的是交通行业的 Uber 和旅游住宿业的 Airbnb。以 Airbnb 为例，它平均每晚的客流高达 425000 人，比希尔顿在全球的交易高出 22%。5 年内，Uber 迅速在全球 250 个城市扩张，至 2015 年 2 月底，公司估值超过 400 亿美金，远远大于包括 Delta、美国航空公司、联合航空在内的传统航空公司。该变化的核心在于过去几年互联网以及社交网站、移动科技及大数据的广泛应用。我们获取适合自己信息的能力达到空前的高涨，交易实时化成了"新常态"，而社交网络的兴起则加深了人与人之间的连接、信任，如何挖掘弱连接的商业价值也因此成为许多新兴产业追逐的"圣杯"。在全球范围诸如苹果、Google、亚马逊、PayPal 在内的高科技巨头，以及国内的 BAT 都给这一切的实现打造了坚实的基础。卖家可以自如地通过亚马逊、淘宝平台售卖商品，而平台则像一块吸铁石将买家从五湖四海吸引过来。具备定位功能的智能手机，加上 PayPal、支付宝、微信等电子支付体系，可以让我们轻松地定位距离我们最近的服务提供商（如餐馆、影院等），移动支付则让这种体验得到进一步的升华。根据 PWC 2015 年的一份报告，在未来 5 年内，共享经济的风口主要集中在五大行业：旅行、车辆共享、金融、人力资源、音乐及视频。到 2025 年，全球共享经济的市场价值预计将超过 3350 亿美元。显然在共享经济概念风靡全球的同时，我们对深层次的内涵仍然缺乏系统地了解。笔者作为共享经济的消费者，在撰写案例的过程中也碰到不少困惑，经常进入一种乱花渐欲迷人眼的处境。譬如在各行各业，有很多创新型公司号称通过互联网、大数据来平衡供求关系，以绕过传统的中间商。

　　"共享经济"（sharing economy）、"合作经济"（collaborative economy）、"按需经济"（on-demand economy）、"协作消费"

（collaborative consumption）等术语也经常被交替使用，尽管它们的意义大有不同。除此之外，共享的概念在各个行业也存在已久，比如，专门为银行提供信用卡系统运营的外包服务商，专门为企业提供系统开发人员的 IT 外包服务公司。

电子化招标和合同信息化管理为"智能交易"打好了基础，企业间的交易也可以通过互联网平台实现。

尼克·萨博的"智能合同"概念，试图基于区块链创建陌生人之间可互相信任的、无法被人为篡改和操控的、可由网络协议自动执行的"代码合同"。

2013 年底，当时 18 岁的神童 Vitalik Buterin 提出了以太坊的构想，他认为，比特币和那些通过修改一些参数、添加若干新属性的"竞争币"（山寨币）就像是各种用途的物理计算器，每一个场景都造一个，实在是没必要，也不统一。为什么不能做一个平台，然后让大家在这个平台上用统一的代码编写不同应用场景的智能合同呢？以太坊的构想就像是区块链上的 App Store，"计算器"只是一个 App，而要在以太坊网络上发行类似比特币那样的数字货币，三行代码就可以搞定，技术不再是门槛，信任才是真正的门槛。

时间渐渐过去，Vitalik Buterin 设想的以太坊早已发布了若干版本，进入了平稳且迅猛发展的阶段，大家开始逐渐认识到区块链的力量，最早极力反对比特币的金融机构此次却成为推动区块链技术发展的领航者。国际上，巴莱克、汇丰等银行金融机构发起了 R3 联盟，平安保险作为中国企业也加入了该联盟；在国内，ChinaLedger 和 BankLedger 相继成立，以研究和推广区块链技术为目标的学术机构"万向区块链实验室"成立并活跃着；IBM、微软等传统科技巨头纷纷投入"重兵"入局，这将又是一个技术英雄辈出的时代。与此同时,国家力量也不可小觑,美联储召集全球90家央行在总部举行区块链会议,英国也在考虑是否用比特币代替英镑,加拿大央行宣布开发基于区块链的法币发行,瑞典等国则在测试用区块链登记土地产权,当然,中国人民银行原行长周小川也宣布要发行我们的"数字货币"……

回过头来聊以太坊,当它在2016年发布了Home Stead版本后,其上的经济激励承载物——以太币,短短几个月,价格翻了几十倍。春夏之交,一个由Slock.it主导开发的项目DAO(去中心化自治组织,Decentralized Autonomous Organization)开始进行,这实际上就是以太坊区块链上的一段代码进行众筹,在一个月内筹到了约合市值3亿美元的以太币。传统经济界人士纷纷表示不可思议,但随后,大家便开始觉得在大大小小的场合不提区块链都不好意思跟人打招呼了。

给合同插上"光纤翅膀",关闭纸上交易,我们真的需要如此多的合同谈判、审核、签约和后勤服务人员吗?我们真的需要如此多的门槛、审批、程序和手续吗?我们真的需要将我们的交易安全寄托于内部管理和大大小小的公章吗?答案是合同和招标及结算只是交易手段,如果将所有过程、程序和手段统一到智能手机客户端(统一网银)上,社会需要支付的交易成本会大幅下降,资源利用率提高,效率更高,智能交易体系将成为传统合同管理的媒介,客户会获得更多的机会和资源,从业者可以更少的工作时间获得更高的效率。

二、以对话方式探索智能交易的路径

传统合同不会立即退出市场,发展是有一个过程的。我们还可以提供智能契约服务,如房屋租赁与买卖双方可以用智能银行交易系统签约,买方账户内的现金会按照约定时间划拨到卖方账户。这会让房屋租赁与买卖的成本降至最低,使买卖双方大幅度降低中介成本,大幅度减少违约行为。同样,我们也可以提供企业电子文件、电子合同的智能快递服务,经过系统传递的电子文件与电子合同与现实中的合同具有同等法律效力。双方只要认可该项服务,并缴纳微量违约质保金,违约行为公示机制可以最大限度减少违约行为。这不仅可以大幅度降低企业相关的快递成本支出,还能够提升企业自觉维护企业信用的意识。智能银行还可以提供跨境结算业务,使阿里巴巴这类全球性电商获得高效支点。

"智能交易"在技术上是可行的,需要各国政府的合作,企业的参与,网络的推手,法务的参与,且通过以下步骤开展工作:

有序开展检测认证。完善"智能交易"系统检测认证制度和技术标准,引导各类主体建设的交易平台根据实际分级有序开展检测认证。任何组织和个人不得为交易平台运营机构指定检测、认证机构。充分发挥认证机构的监督和证明作用,提升社会的认可度和公信度。加强对检测、认证机构的业务指导和行政监督,确保通过认证的交易平台合法规范、安全可靠,符合互联互通和数据交换要求。

优化公共服务。公共服务平台应当立足"交易平台枢纽,公共信息载体,身份互认桥梁,行政监管依托"的基本功能定位,依据统一的技术标准和数据规范,免费开放对接交易平台和行政监督平台，提供依法必须公开的市场信息，研发提供 CA 证书互认、主体注册共享等公共技术保障服务，向行政监督部门动态推送监管数据或提供监督通道。鼓励公共服务平台根据市场主体、社会公众、行政监督部门需要，创新拓展公共服务领域和内容，不断提高公共服务供给质量和效率。

规范监督功能。行政监督平台应当公布监督职责和依据、监督对象和事项清单、监督程序和时限，并具备对招标采购和签约及结算全过程进行实时在线监管等功能。行政监督平台不得与交易平台合并建设和运营，也不得具备任何交易功能，以保证在线监督的独立性和公正性。行政监督平台应当开放数据接口，不得限制或排斥交易平台、公共服务平台与其对接交互信息。加强信息记录和公开，系统应当如实记录智能交易过程信息、操作时间、网络地址和相关人员等信息。依托系统，对市场主体行为和信用状况依法实行动态公开。除按照有关规定依法及时公布交易和服务信息外，交易平台和公共服务平台的建设、运营、开发和维护单位名称及其主要负责人员，检测认证报告、认证标志，专业工具软件技术规范与接口标准，平台对接、运营和数据交互动态，以及免费服务项目、增值服务项目及其收费标准等主要信息，必须在平台实时公布。行政监督平台应当及时公布投诉举报受理情况、调查处理结果等监管信息。

促进信息全网有序流动。研究建立智能交易平台中电子招标投标、签约、交易数据信息分类、所有、使用、交互共享和保密机制，按照互利互惠原则，提供依法公开数据的交易平台和公共服务平台可以按照交互数据的结构类别和规模比例，分享集合数据使用权利和大数据分析成果运用的增值效益。对于关系国家安全的重要敏感数据，各类平台特别是公共服务平台应当加强安全保障，不得用于商业用途。

强化信息大数据应用。适应"互联网+"趋势，运用大数据理念、技术和资源，依托系统特别是公共服务平台，依法高效采集、有效整合和充分运用智能交易信息数据，为行政监督部门和市场主体提供大数据服务。通过对招标、签约、交易信息大数据统计分析，为把握市场动态、预测行业趋势和研判经济形势提供研究支撑，为制定完善的相关法规制度和政策措施提供决策支持，为甄别、预警违法违规行为，实行科学、精准、高效的智能化监督提供重要依据。

发挥信用信息作用。鼓励各类信用数据库，按照客观记录、统一标准、公开共享、市场主体信用自律，引导诚信体系建设。

完善制度和技术保障，健全法规制度；优化制度环境；加强安全保障，重点围绕文件的安全传输技术、防篡改技术、安全存储技术以及开标保障技术等，开发相应信息安全技术和产品。使用云服务的，云服务提供商必须提供安全承诺。运营机构应当建立健全安全管理制度，以及身份识别和鉴定、访问控制、入侵防范、恶意代码防范、补丁升级、数据存储和传输加密、备份与恢复等工作程序，并通过有关管理措施和技术手段，加强风险管理和防范，确保平台运营安全和数据安全。

法务群体应当挪出一部分精力去关注"智能合同"。今天的法务是提供白纸黑字的法律条文服务，未来的法务将会提供关于技术代码的服务，这些代码就是承载"智能合同"的表达。例如，甲、乙二人，互不认识，相隔万里，但他们通过以太坊区块链建立了一个买卖合同，就像现在的淘宝网一样，买方付款—款项冻结—卖方发货—货到确认—卖方收款。不同的是，现在是由淘宝网这个实体公司作为第三方在当中承担信用中介，而在区块链上的智能合同，将由区块链网络充当信用中介，不再有第三方的介入，所以在这里，将不再需要（脆弱的）信任和权威。那么，此时法务要做什么呢？法务需要审核这个由以太坊编程语言 solidity 编写的智能合同的代码是否符合国家法律的规定，是否对买卖双方都公平，是否救济途径完备……人们常说法律语言是另一套语言体系，这样的趋势在将来会越来越明显，随着区块链技术的成熟，越来越多的企业为了追求在经营中降低成本、提高效率、增强安全性，将会全方位的应用区块链技术，如此，对智能合同的审核将会成为一个新的行业。

过去人们是看不懂纸质合约吃亏，现在是看不懂数字合约吃亏，所以笔者预言将来可能会出现智能合同的职业撰写人，这是新行业、新机遇。笔者不但认为会出现智能合同的职业撰写人，而且会出现智能合同的职业审核人（"智能合同"和"数字合同"这里指同一个事物），而这些人不会是别人，他们就是新时代的法务群体，这预示着，未来的法务会更像一家互联网公司。

三、区块链科技与"智能合同"

智能合同是一串电脑程序代码或者协议，可以自动检验、实施与执行合同特定条款或者条件。

计算机专家和法律理论家 Nick Szabo 在 1994 年首次发明了"条款"，他曾预想智能合同将是（如）租车行业的重要组成部分。如果租车人未及时支付当期租金，智能合同将不允许租车人使用该车。

显然，在迅速发展的物联网世界，智能合同将会越来越流行。越多的设备互相连接，越多的"智能合同"就将用于"法律交易"

的实施和执行。

区块链科技则使交易可证实且安全。区块链是指共享的数码分类账单或数据库,记载交易各方连续增加的涉及数码设备及数码资产的近期交易记录。区块链保证订立"智能合同"所需的真实、完整的信息。毫无疑问,区块链与智能合同的组合对传统法律的假设、教义与概念是颠覆性的。例如,它将(因其在财产法上的意义)促进共享型经济的发展。另外,"公司组织"将建立于软件、代码与智能合同之上,对传统公司法形成挑战。

附　录

关于法务未来趋势的研究，有专家学者做了有益的探索，可谓仁者见仁，智者见智，各有不同的观点。附录是两篇具有代表性的文章，有助于读者综合参考、全面掌握，从不同角度全方位、深层次地掌握法务未来的趋势。

公司法务管理之十大国际趋势

陶光辉在《公司法务管理之十大国际趋势》一文中，认为总法律顾问的职能作用开始备受推崇，它不仅影响着公司对未来变化的预判能力，还对公司高层的决策方向起到至关重要的作用。以总法律顾问制度建设为核心的公司法务管理跨越地域和文化，在全球范围内呈现出共同的十大发展趋势。

趋势一：首席法务官/总法律顾问成为公司董事会主要成员

2000年前后，美国资本市场出现了一系列财务丑闻，安然、环球电讯、世界通信、施乐等一批企业巨擘纷纷承认存在财务舞弊，在全球资本市场上引起轩然大波，一批大的上市公司遭投资者抛弃，宣布破产。这些企业的造假行为不仅欺骗了投资者,同时,也损害了资本市场的秩序,给全球经济造成了重大的影响。

而这一系列公司丑闻及公司倒闭事件普遍被认为是公司自我约束、履行社会责任的保障机制存有缺陷,要求公司首席法务官/总法律顾问对执行法律承担职责的呼声成为公司总法律顾问职责开始变化的一个主要转折点。正是在这样的背景下,总法律顾问作为董事会主要成员或者出席董事会会议的做法开始受到推崇。

2005年,14%的调查对象反映其公司的首席法务官/总法律顾问是董事,2007年这个百分比是16.7%。

最新的调查结果显示,董事级别的总法律顾问的职责和定位已经不再仅仅局限于总体的法律风险管理上,接近70%的调查对象赞同或者非常赞同企业法律顾问出席董事会会议,帮助解决公司治理问题,这一比例比两年前增长了20多个百分点。

趋势二:企业法律顾问成为公司治理问题的主要建言者

公司治理是通过一套制度或机制来协调公司与所有利害相关者之间的利益关系,以保证公司决策的科学化,从而最终维护公司各方面的利益。其主要特点是,通过股东大会、董事会、监事会及管理层所构成的公司治理结构进行内部治理。

在2007年的调查中,2/3以上的被调查公司认同或非常认同,在过去的一年中,公司律师(企业法律顾问)在公司治理方面发挥的影响进一步增加,相比于两年前增长了20多个百分点。

公司内部法务成为公司治理方面的主要建言者,对这一点,公司总法律顾问可谓功不可没。2007年和2006年的调查表明,全面负责（无论是单独负责还是与他人共同负责）商业道德及公司治理的总法律顾问在人数比例上基本相同。2007年单独负责上述事务的总法律顾问占38.3%，在共同负责的情况下，最常见的合作对象是公司董事会秘书。当然，由总裁或CEO全面负责上述事务的公司也占到了被调查公司的20.5%，而由董事长全面负责的仅占9%。

趋势三：总法律顾问直接向CEO或董事长汇报工作

只要看一下总法律顾问直接向谁负责，就可以了解法务部门在公司总体战略中的重要程度以及总法律顾问在公司决策中所起的作用。从法律风险的角度来看，这一点非常重要。

2007年的调查表明，绝大多数总法律顾问向董事会一级的领导负责。有44.8%的总法律顾问向CEO负责，21.9%的总法律顾问向董事长或总裁负责。这与2005年的调查结果非常相似，当年有近一半的总法律顾问向CEO负责，约1/4的总法律顾问向董事长或总裁负责。

趋势四：总法律顾问正在变为公司的"4R官"

从公司业务职能的宏观层面来看，法务部也颇为有趣。内部律师的汇报制度可以在很大程度上揭示公司是如何对待税务、知识产权管理、雇佣等具体风险领域的。

在被调查的公司中，合规管理部门直接向总法律顾问负责的占60.8%，公司治理部门向总法律顾问负责的占55.3%，知识产权管理部门向总法律顾问负责的占63.4%。总法律顾问与财务部门之间不存在明显的汇报关系。对于规模更大的公司（即年营业额超过80

亿美元的公司），这种比例就更高了：合规部门向总法律顾问负责的占65%，知识产权管理部门向总法律顾问负责的占70%。这表明，当法律风险管理需要有更大程度的控制时，法务部门的核心作用就会更加突显。

不过，在公司业务日趋规范、合规管理呈程式化发展时，对法律风险和合规事务也有分别处理的发展趋势，这同时也意味着合规部门和法务部门之间更需要维持一种有效的沟通机制。

通过调查，不难发现总法律顾问正日益变为公司或企业的首席规则官（rules）、首席负责官（responsibility）、首席权力官（rights）和首席风险官（risk）。

趋势五：企业法律顾问/公司律师要求享有"律师—当事人特权"

美国联邦证据规则中第501到第510条集中规定了"律师—当事人特权"：当事人具有可以拒绝公开或者阻止其他人公开为了给当事人提供法律服务而进行的秘密交流内容的特权。其适用情况是在司法程序中，当律师被传唤为证人或出于其他原因，而被迫出示有关客户的证据的时候。

全球不同法域内，也有类似的相关规定，有的司法领域内，就将类似条款规定在律师执业守则或者律师法中。

而近年来，随着公司律师（企业法律顾问）的作用和价值的提升以及律师职业延伸到公司或者企业内部，公司律师（企业法律顾问）纷纷要求在司法程序中，把"律师-当事人特权"等类似规定覆盖其向雇主单位提供法律服务的过程。

作为唯一一个全球企业法律顾问协会（简称 ACC），ACC 在很多重大案件司法程序过程当中，充当公司企业法律顾问业界的代言人对上述要求发表了支持性意见。在一些全球著名的案例中，ACC 更是发出了企业法律顾问／公司律师应享有"律师－当事人特权"的强有力的呼声。在 ACC2007 全球理事会会议和全球年会上，几乎全球所有跨国公司的总法律顾问们都非常赞同这一意见。但是，企业法律顾问是否真正、在什么情况下以及什么时候享有这一规定特权，还有待不同法域、不同国家的有权法院的个案认定。

趋势六：法务管理机制的折中趋势在增强

众所周知，大多数的跨国公司法务管理采取的是集中管理机制，以确保其战略部署和合规政策在全球范围内各分支机构能够得到有效遵守和执行。而有效的全球法律风险管理机制取决于具体经营地方的法律实践和全球统一标准之间的恰当平衡，也即属地管理和集中管理的恰当平衡。法务管理结构直接影响着这种平衡机制的效果。

我们看到，集中管理趋势在继续增强，但也有公司实行了双重的管理机制，即属地管理机制也在增强。

数据表明，53.8% 的法务部是集中管理的，32.8% 的法务部是部分集中管理，77.4% 的企业法律顾问直接向总法律顾问汇报工作，但同时也有 57% 的企业法律顾问汇报给属地的行政主管。相关数据显示，当企业法律顾问直接向当地行政主管汇报时，通常能取得较佳效果。这种做法明智地折中了属地法务管理和集中管理，有比较好的管理效果。

趋势七：主要的法律风险领域呈现大纵深、系统化、具体化态势

在全球范围内，公司的主要法律风险呈现大纵深、系统化、具体化态势。

大纵深：传统的法律风险领域向纵深发展，随着科技领域的纵深发展，法律风险也延展到了一些新兴的领域，例如生物工程领域。

系统化：法律风险管理日益成为公司各个相关部门之间需要互相协同配合才能取得成效的工作，呈现系统化的态势，可以说，每一项法律事务都是一项系统工程。

具体化：指的是法律风险越来越具体化，越来越细化，需要法务部门和企业法律顾问们采取非常具体的定量化的措施应对，不同行业具有不同的主要法律风险，同样，不同的公司面临的具体法律风险也不一样。

数据显示，反垄断/合法竞争被大多数的被调查公司确认为是公司面临的最大法律风险，这一比例达到了18.1%，14.9%的被调查公司认为诉讼是最大风险，10.7%的被调查公司认为新法规是最大风险。

趋势八：对法律风险管理的成功要素和困难点基本趋同

从全球范围来看，有六点被认为是公司法律风险管理的成功要素：第一，在既定基础上重要风险得到识别和评估；第二，有明确的实施程序识别法律风险；第三，有明确的实施程序排序法律风险；第四，公司雇员明确理解什么样的法律风险对董事会来说是可接受的；第五，执行合规计划有明确的程序；第六，有有效的合规管理

培训。

同样,公司法律风险管理的困难点有五点:第一,取得高层支持;第二,监督和执行合规计划;第三,识别和跟踪法律风险管理领域;第四,风险排序和资源分配;第五,形成合规管理文化。

从全球范围看,取得高层支持是排在最困难这一列的,看来这是个世界性困难点。

趋势九:公司法律事务经费/预算逐年增加

法律风险及合规程序的执行之所以被认为有了更大进步,一种解释是,公司正在加大内部控制程序的资源投入。公司在这个业务领域中投入的资源似乎加大了。跨国公司法律事务平均支出占到公司总收入的1%。

2007年,法律风险及合规管理预算增加的公司占61.7%,其中大幅增加的占25.9%。所有迹象表明,这方面的投资会持续下去,75.3%的被调查公司预计这方面的投资在今后还会增加。

趋势十:建立定期审核机制确保公司现行政策的有效

随着法制体系的不断完善,各公司对法律风险管理和重视程度也不断上升,比如86.6%的被调查公司表示,他们至少审核了在反垄断/竞争、合同管理、知识产权、公司商业数据保护等政策中的一项,其中24%的公司对本公司实施的所有政策进行了审核,19%的公司审核了大部分政策。大部分公司审核的政策包括商业规范/商业道德、公司治理、合规事务、内部贸易和反垄断。政策审核的两种最常见情形是:政策的定期审核或新法规出台后的针对性审核。

这些结果表明,法务部门正在通过建立一套以最有可能暴露的风险领域为重点的内部政策定期审核机制,对主要法律风险领域直接作出反应。只有 6.5% 的被调查公司表示,审核是因为政策首次被制定。这说明大部分公司法务部门的重点在于确保现行政策没有过时,而不在于防范以前没有设防的法律风险。

中国律师行业将迎来九大新变化

平台化将是律所组织模式的主流,生态圈化将是律所组织模式的重要补充,"互联网律所"将成为行业黑马。

未来五年内将出现大型互联网+法律服务平台上市公司,BAT等巨头也将介入法律咨询业市场。

SOHO 办公、生态圈内"执业"、相当类型与成分的服务直接在线完成等将成为社会律师的新型执业模式。

业务数据化将成为每个律所和社会律师的基本功。

律所和社会律师的市场辨识度,将从主要依赖规模、资历与专业转向主要依赖"产品画像"。

行业队伍组成成分多样化,技术人员、产品经理、市场营销人员等非社会律师人才大量融入社会律师行业,非社会律师人才多于社会律师人才的律所将大量出现。

业务类型多元化,跨界融合性业务层出不穷,某些企业整体交予社会律师打理都不再是梦。

律所传统的核心竞争力即"人才力、管理力、文化力",将增加新三力——"业务数据化能力、生态圈整合能力、服务产品化能力"。

司法行政、社会律师协会对于社会律师行业的管理很快将扩容和创新。

面对法治建设进程加快,面对供给侧结构性改革,面对"一带一路"的推动,面对经济发展放缓,面对社会全面转型,社会律师应当考虑如下十二个问题:

前三十年是发展和成长期,如何走好以后的三十年。

信息化、大数据、云计算的发展,给社会律师业带来巨大机遇,社会律师应当充分利用。

如何配合楔入国家"一带一路"倡议,乘着此股东风使发展再上一层楼。

中国民主进程、政治进程和法治进程的加快,会产生不可预知的未来,社会律师们是否做好迎接未来的准备。

合伙制、合作制律所已走到尽头,股份制和公司制律所应是今后的必由之路。

小型律所将可能在未来竞争中被逐步淘汰。

最有前途的律师事务所和律师是专业化的。

社会律师团队化服务是客户的要求,也是必然的趋势。

律师事务所应当聘请专业公司管理日常事务,合伙人将逐步淡出日常管理和行政管理。

律师协会将是今后社会律师的"娘家",全面承担起律师管理职能,行政管理和行政主导将可能逐步淡化。

本地大所兼并小所,外地强所吸收弱所,跨区域联盟组织将逐步涌现,各地应当适应这一现象和趋势。

律师应当在国家的政治生活、经济生活、法治建设过程中,发出自己的声音，成为不可或缺的力量。

基层法律服务所和其他非律师服务机构将逐步淡出法律服务市场，社会律师将"垄断"这个市场。如何将律师的服务触角延伸到基层、边远地区、乡村，真正做到优质的法律服务的全覆盖。

国外律师纷纷登陆中国市场，中国律师也开始走出国门，去国外开设服务机构。中国律师在与国外律师同台竞技过程中能否胜出一筹。

少数富有的律师和律师事务所应当多涉公益和慈善，用自己的义举和善心证明中国律师的担当精神。

必须承认，"互联网＋法律服务"相比其他行业，难度大很多，主要原因是法律服务高度依赖知识、经验、智慧，甚至还依赖人脉。律师的性格、风格、人格也构成客户的选择因素，法律服务的个人性特征、社会化因素太强，不像工业制造品那样，很难量化、标准化。

每一位法务人，在技术革新和管理动荡的双重冲击下，都需要思考未来如何制胜。对于法务人来说，已不能再依靠程序性、重复性的法律事务处理谋生。未来法务的驱动因素：首先，是精益管理的需求。未来的企业竞争，不再是某一特定资源的竞争，也不是某一个特殊能力的竞争，而是全方位、多领域、生态化的竞争。这种竞争带来的企业内部管理变化，更是要求精益创新、精益管理。其次，是人才组织的变化。旧式的个人对组织的从属、忠诚观念，越来越受到挑战。"90后"逐渐成为企业的骨干，年轻人不再满足于依附于某个组织。未来职业成功的秘诀是：组织与个人的关系由以前的商业交易转为互惠关系，联盟是一种全新的人才机制。在这种因素的驱动下，未来法务人之间组建联盟，协同发展也是种趋势。最后，是信息技术的进步。法律职业，包括法务工作，面临的最大挑战之一便是如何更早地采纳新的信息技术系统,更快发现和抓住新兴技术带来的机遇,这里的机遇包括如何将现有低效的人工处理过程计算机化、流程化。未来法务的制胜策略是精益管理,带来的要求是法务要切实深入业务,而不能再泛泛而谈。组织人际观念的变化,带来的要求是不同企业的法务必须协作起来,而不能再犹如一盘散沙。信息技术的发展,带来的要求是法务人员必须快速地学会、利用新技术。深入业务、协作、利用新技术的目标其实是一致的,那便是如何更精准、更有效、更低成本地提供企业内部法律服务。这就是未来法务人的制胜策略。在思维方式上,未来法务人要学会和运用互联网新思维,重点是用户思维、简约思维和服务思维。用户思维是强调倾听客户心声并加强与客户的交互,打破部门之间的疆界。秉承该思维方式的法务人员,应视自身为业务部门的一员,从业务角度来考虑法律问题。简约思维要求法务提供专注和简单的法律服务,致力于解决问题,而不仅是提出问题。在人才组织上,未来法务人要学会共享知识与经验,通过联盟的方式,降低法务成本。在技术利用上,现在的法务人员已离不开电脑、手机、电子邮件、社交网络、视频会议等,未来法务要密切关注新的信息技术。更重要的是,法务人必须成为增强型的企业实务专家。未来的法务人,不仅要成为法律专家,更重要的是成为企业法律问题解决专家、企业管理推动执行者。未来的法务必须具备跨学科、复合型的知识,能将最新的信息技术和工具运用于法务部,或自身即成为新技术专家,为企业主动搭建法律技术应用场景。

参考文献

[1] 叶小忠：《中国企业法务观察·第四缉》，法律出版社 2018 年版。

[2] 陶光辉：《公司法务部》，法律出版社 2016 年版。

[3] 陶光辉：《法务之道》，中国法制出版社 2019 年版。

[4] 薛军、任启明、周辉：《中国企业合规管理调研报告》，载叶小忠《中国企业法务观察·第二辑》，法律出版社 2015 年版。

[5] 尹云霞、赵何璇、周梦媛：《中国企业合规管理调研报告》，载叶小忠《中国企业法务观察·第四辑》，法律出版社 2018 年版。

[6] 张伟华：《优秀公司的法律事务是如何产生的》，《法人》2019 年第 2 期。

[7] 周蕾：《传统企业法务管理的大数据路径》，《法人》2016 年第 11 期。

[8] 郭建军：《首席法务官，企业的守夜人》，《法人》2015 年第 9 期。

[9] 健君：《合规风险管理不得不防的十大认识陷阱》，《法人》2016 年第 6 期。

[10] 郭建军：《公司首席法务官的老本行与他的七张新面孔》，《法人》2014 年第 12 期。

[11]郭建军：《首席法务官：任重而道远》，《清华管理评论》2015年第9期。

[12]史润华：《上下同欲者胜,律师团队与专业化的建设和管理》律师来稿，作者投稿刊发，2016年8月11日。

[13]王佳红：《律师如何进行开庭的精细化管理》，《无讼阅读》2016年1月14日。

[14]李迎春、来佳琪：《企业法律顾问的价值,从防范风险到创造价值》2016年4月，中国律师网，http://www.acla.org.cn/home/toPage。

[15]宋柳平、王涛、叶小忠：《法务管理与合规管理》，2017年3月30日，《涛哥法律评论》，搜狐网，https://www.sohu.com。

[16]袁菲：《公司法务如何与外部律师高效沟通》，2016年8月16日，无讼法务，https://www.wusong.com。

[17]白延伍：《如何成为一名优秀的总法律顾问》，2017年2月7日，《涛哥法律评论》，搜狐网，https://www.sohu.com。

[18]景升平：《走近合规管理洞察数据背后的管理真相》，2016年11月9日，搜狐网，https://www.sohu.com。

[19]马莹莹整理：《西门子,合规管理成就百年老店》，《中国石油新闻中心》2014年7月2日。